franckh Reiterbibliothek

Wolfgang Hölzel

Der Reiter-Paß
in Frage und Antwort

*Vorbereitung auf die praktischen
und theoretischen Prüfungen*

*Franckh'sche
Verlagshandlung
Stuttgart*

Mit 17 Farbzeichnungen auf 4 Tafeln von Marianne Golte-Bechtle und 54 Zeichnungen im Text von Gisela Holstein

Umschlag von Kaselow Design, München, unter Verwendung einer Aufnahme von Fritz Peyer

CIP-Titelaufnahme der Deutschen Bibliothek

Hölzel, Wolfgang:
Der Reiter-Pass in Frage und Antwort : Vorbereitung auf die praktischen und theoretischen Prüfungen / Wolfgang Hölzel. [Mit 17 Farbzeichn. auf 4 Taf. von Marianne Golte-Bechtle u. 54 Zeichn. im Text von Gisela Holstein]. – 7. Aufl. – Stuttgart : Franckh, 1989
    (Franckh-Reiterbibliothek)
    ISBN 3-440-05342-3

7. Auflage
Franckh'sche Verlagshandlung, W. Keller & Co., Stuttgart/1989
Das Werk, einschließlich aller seiner Teile, ist urheberrechtlich geschützt. Jede Verwertung außerhalb der engen Grenzen des Urheberrechtgesetzes ist ohne Zustimmung des Verlages unzulässig und strafbar. Das gilt insbesondere für Vervielfältigungen, Übersetzungen, Mikroverfilmungen und die Einspeicherung und Verarbeitung in elektronischen Systemen.
© 1979, Franckh'sche Verlagshandlung, W. Keller & Co., Stuttgart
Printed in Germany / Imprimé en Allemagne
L 10 sn H rr/ISBN 3-440-05342-3
Gesamtherstellung: Brönner & Daentler KG, Eichstätt

Für Petra und Benjamin

Der Reiter-Paß in Frage und Antwort

Einführung 9

Bestimmungen der FN für die Reiter-Paß-Prüfung 11

Die praktische Prüfung 13
Fertigkeiten im Reiten 13
Grundsätzliche Bemerkungen zum Ausreiten 13
Mögliche Aufgabenstellungen (A) und deren
Durchführung (D) 29
Zäumen, Satteln und Bandagieren 49
Zusammensetzen und Anpassen einer Trense 49
Trensen 52
Satteln 52
Bandagieren 55

Die theoretische Prüfung 58
Unfallverhütung und Ausrüstung 58
Die Ausrüstung des Reiters 58
Die Ausrüstung des Pferdes 64
Verladen und Transport, Unfallverhütung 74
*Kenntnisse in Beschreibung, Haltung und Pflege
von Pferden* 75
Beschreibung: Farben, Abzeichen, Brandzeichen 75
Haltung: Stall und Weide, Füttern, Tränken 78
Pflege 85
Anzeichen von Krankheiten 92
Giftpflanzen 93
Reitlehre 94
Gangarten 94
Sitz 101
Hilfen 103
Gesetze, Verordnungen und Bestimmungen 107
Tierschutzgesetz 107

Straßenverkehrsordnung 107
Verhalten in Feld und Wald (Bundeswaldgesetz) 109

Tierhalter-Haftpflicht-Versicherung 110

Literaturverzeichnis 111

Sachregister 112

Einführung

Der von der Deutschen Reiterlichen Vereinigung (FN) geschaffene Reiter-Paß bietet zum ersten Mal die Möglichkeit, sich die praktischen und theoretischen Fähigkeiten und Kenntnisse bescheinigen zu lassen, die die notwendige Grundlage für den Reitsport sind. Der Reiter-Paß ist eine Art Grundschein im Reiten und in etwa dem Freischwimmerschein oder dem Grundschein für Segler vergleichbar. Vor der Einrichtung des Reiter-Passes gab es keine Reiterprüfung unterhalb der Ebene des Deutschen Reiterabzeichens, dessen Anforderungen für den erwachsenen „Normalverbraucher", der ein- bis zweimal in der Woche auf Schul- oder Vereinspferden reitet, unverhältnismäßig hoch sind. So setzen die praktischen Prüfungsaufgaben, die für das Reiterabzeichen in Bronze verlangt werden (das Reiten einer A-Dressur und das Springen eines A-Parcours), schon ein recht fortgeschrittenes Können voraus. Da diese Anforderungen überdies nicht, wie z.B. beim Sportabzeichen, mit steigendem Lebensalter sinnvoll herabgesetzt werden, bestand für eine große Zahl von Reitern keine Aussicht, jemals eine entsprechende Reiterprüfung abzulegen.

Der Reiter-Paß darf jedoch nicht einfach als eine Vorstufe für das Reiterabzeichen verstanden werden – er setzt vielmehr andere Akzente schon dadurch, daß die Prüfung im praktischen Reiten ausschließlich im Gelände stattfindet. Damit wird all denjenigen Rechnung getragen, denen das Geländereiten mehr Befriedigung und Freude bringt als das Reiten in einer Bahn. Die beim Erwerb des Reiter-Passes gestellten Anforderungen versuchen vor allem auch der großen Gruppe von überzeugten Freizeitreitern entgegenzukommen, für die das Reiten etwas völlig anderes als Leistungs- und Turniersport bedeutet.

Daß mit der Einführung des Reiter-Passes eine wesentliche Lücke geschlossen werden konnte, zeigt die ständig wachsende Nachfrage nach dieser Prüfung. Die Leitlinien der FN bedurften der inhaltlichen Ausführung und Präzisierung für die Praxis. Die

10   Einführung

Notwendigkeit einer konkreten Füllung der Leitlinien wurde dem Verfasser nicht zuletzt durch häufige Fragen von angehenden Bereitern, Berufs- und Amateurreitlehrern deutlich, die Vorbereitungskurse für ihre Abschlußprüfung an der Deutschen Reitschule in Warendorf absolvierten.

Das vorliegende Buch will sowohl den Prüflingen als auch den Ausbildern bei der detaillierten und qualifizierten Vorbereitung für den Reiter-Paß helfen.

Bestimmungen der FN für die Reiter-Paß-Prüfung*

Allgemeine Bestimmungen

Die FN (Fédération Nationale = Deutsche Reiterliche Vereinigung in Warendorf) hat die Bestimmungen für den Reiter-Paß in der APO (Ausbildungs- und Prüfungsordnung) von 1986 neu festgelegt.

– Der Antrag auf Zulassung zur Prüfung ist vom Bewerber an den Veranstalter zu richten.

– Schulung und Prüfung können von Reitvereinen sowie von Ausbildungsstätten, die dem Niveau eines FN-gekennzeichneten Betriebes entsprechen, mit Genehmigung des LV (Landesverband der Reit- und Fahrvereine) bzw. der LK (Landeskommission für Pferdeleistungsprüfungen) durchgeführt werden.

– Die Pferde oder Ponys müssen mindestens 4 Jahre alt sein.

– Je Prüfung darf ein Pferd höchstens unter zwei Bewerbern gehen.

– Der Prüfungskommission muß mindestens ein Richter mit Qualifikation RP (Reiter-Paß) angehören.

– Der LV bzw. die LK beruft wenigstens ein Mitglied der Prüfungskommission.

– Ein Bewerber muß in beiden Prüfungsteilen (praktischer und theoretischer Teil) „bestanden" erreichen.

– Eine bestandene Prüfung kann in jährlichem Abstand wiederholt werden.

– Nach bestandener Prüfung stellt der LV bzw. die LK einen Reiter-Paß aus. Er berechtigt zum Tragen der dazugehörigen Anstecknadel.

– Nach vier bestandenen Wiederholungsprüfungen wird die Reiter-Paß-Nadel in Sonderausführung verliehen.

* aus APO 1990

Anforderungen

Die Prüfung besteht aus 2 Teilprüfungen, die an einem Tag bzw. an zwei aufeinanderfolgenden Tagen abzulegen sind. Es werden folgende Anforderungen gestellt:

1. Praktischer Teil:
   Vorbereiten des Pferdes zum Ausritt (Putzen, Zäumen, Satteln); Reiten in allen Grundgangarten; Kolonnenreiten (nebeneinander, überholen, gegeneinander); Einzelgalopp von Punkt zu Punkt; Überwinden kleiner natürlicher Hindernisse (z. B. Kletterstelle, Wassereinritt); Wegreiten von der Gruppe; Straßenüberquerung; Versorgen des Pferdes bei Rast oder Unfall; auf Wunsch des Bewerbers zusätzlich Springen im Gelände von 4 festen Hindernissen (bis zu 0,80 m hoch). Andere Reitweisen (z. B. Western) sind zulässig.

2. Theoretischer Teil:
   2.1 Grundkenntnisse der Reitlehre (Sitz, Hilfen, Gangarten),
   2.2 Grundkenntnisse der Pferdehaltung (Pflege, Fütterung, Tränken, Anzeichen von Krankheiten, Giftpflanzen),
   2.3 Reiterliches Verhalten und Umweltschutz (Begegnung mit Fußgängern, Rücksicht auf Jagd, Land- und Forstwirtschaft), Kenntnis der einschlägigen Bestimmungen des Tierschutzgesetzes,
   2.4 Reiten im Straßenverkehr (Reiten im Verband, Verkehrsregeln),
   2.5 Unfallverhütung (z. B. Ausrüstung von Reiter und Pferd, Verladen, Anbinden),
   2.6 Erste Hilfe für Reiter und Pferd (Verhalten bei Unfällen und bei akuten Krankheiten des Pferdes),
   2.7 Rechtsvorschriften (Straßenverkehrsrecht, Reiten in Feld und Wald, Tierhalterhaftung und -versicherung).

Fertigkeiten im Reiten/Sitz und Einwirkung   **13**

Die praktische Prüfung

Fertigkeiten im Reiten

Je nach Anmarschweg, Geländebeschaffenheit und Teilnehmer-
zahl dauert die Prüfung ein bis zwei Stunden. Der Prüfer reitet in
der Regel mit der Gruppe mit und stellt die Aufgaben.
Sinnvoll sind in diesem Zusammenhang die Hinweise R. Hama-
chers (,,Die Abnahme des Reiterpasses'' in: Rheinlands Reiter
Pferde, Nr. 1, 1979, S. 43 ff.): Wenn dem Prüfer vom Veranstalter
ein Pferd gestellt wird, so ist darauf zu achten, daß es haftpflicht-
versichert ist. Nicht der Prüfer, sondern ein vom Veranstalter be-
stimmter fortgeschrittener Reiter sollte die Prüfungsgruppe an-
führen; dieser ist kein Prüfungskandidat.
Aus den Bestimmungen ergibt sich von selbst, daß das Kapitel
,,Fertigkeiten im Reiten'' ausschließlich das Reiten im Gelände
behandelt.
Vorangestellt werden grundsätzliche Bemerkungen zum Ausreiten. Daran schließen sich mögliche Prüfungsaufgaben und
deren korrekte Durchführung an.

Grundsätzliche Bemerkungen zum Ausreiten

Sitz und Einwirkung des Reiters

Im Gelände werden die Bügel zwei bis vier Loch kürzer ge-
schnallt als beim Reiten in der Bahn.
Im Trabe trabt der Reiter immer leicht, um den Pferderücken zu
entlasten. Sehr wichtig ist dabei das regelmäßige Fußwechseln
(s. S. 34), damit das jeweilige diagonale Beinpaar gleichmäßig
belastet wird. Im Galopp wird – ebenfalls zur Entlastung des
Pferderückens – der leichte Sitz (s. S. 101) eingenommen. Es ist
darauf zu achten, daß das Pferd gleichmäßig abwechselnd im
Links- und im Rechtsgalopp geht, damit nicht eines der beiden
Vorderbeine überlastet wird. Galoppiert das Pferd nicht im ge-

14 Sitz und Einwirkung/Einteilung und Tempo

wünschten Galopp an oder wechselt es den Galopp bereits nach einigen Sprüngen, so pariert der Reiter durch und galoppiert von neuem an.

Einteilung und Tempo

Am Anfang und am Ende eines Ausrittes sollten jeweils mindestens zehn Minuten Schritt geritten werden. Auf die anfängliche Schrittphase folgt eine lösende Trabphase, aus der dann der erste, ruhige Galopp entwickelt wird. Das Tempo im Trab entspricht einem frischen Arbeitstrab, das Tempo im Galopp dem frischen Arbeitsgalopp oder dem Mittelgalopp, das sind ca. 300 Meter in der Minute. In einer späteren Phase des Rittes kann über kürzere Strecken auch einmal das Galopptempo bis auf 450 m/Min. erhöht werden. ,,Pulvrigen" Pferden bekommt es sogar sehr gut, wenn sie sich im Galopp einmal voll ausagieren dürfen! Nach jedem schnellen oder längeren Galopp muß eine ausgiebige Schrittpause eingelegt werden, damit sich Puls und Atmung des Pferdes beruhigen können. Auf Schrittpausen sollte immer besonderer Wert gelegt werden. Nach jeder größeren Anstrengung muß dem Pferd das ruhige, zwanglose Bummeln im Schritt – möglichst mit hingegebenem Zügel – erlaubt sein. Das dient übrigens nicht nur seiner physischen Erholung, sondern auch seiner psychischen Ausgeglichenheit! Ebenso wichtig wie das Fußwechseln im Trab und Galopp ist ein ausgewogener Wechsel zwischen den verschiedenen Gangarten. Oberstes Gebot muß sein, daß die Pferde nicht zu stark schwitzen. Besonders bei längeren Ausritten gilt als Hauptregel das Haushalten mit den Kräften des Pferdes. Die Länge der Gesamtstrecke hängt von der Verfassung und dem Trainingszustand des Pferdes sowie von den Bodenverhältnissen ab. Der normale Kurzausritt von ein bis zwei Stunden kann ohne besonderes Training und – abgesehen von vernünftigen Schrittpausen – auch ohne Rast jedem gesunden Pferd zugemutet werden.

Abb. 1. Bummeln mit hingegebenem Zügel.

Planung längerer Ausritte, Training und Rasten

Für Ausritte, die mehrere Tage dauern, ist eine größere Vorbereitung erforderlich.

Das Pferd muß sinnvoll trainiert worden sein, das heißt, es sollte acht bis zwölf Wochen vorher wenigstens dreimal in der Woche bis zu drei Stunden im fleißigen Schritt, Trab und Galopp im Gelände geritten werden. Es ist selbstverständlich, daß auch der Reiter fit sein muß.

Sinnvoll ist es, die Leistung allmählich zu steigern. Die Dauer des Ritts wird zuerst auf einen halben, schließlich auf einen ganzen Tag ausgedehnt. Dabei erkundet man die nähere Umgebung in einem Radius von 25 bis 30 km. Je nach Wetter und Geländebeschaffenheit kann bei einem Tagesritt eine Strecke von 25 bis 40 km zurückgelegt werden, auf keinen Fall aber sollte man das Höchstmaß von 50 km überschreiten. Wenn das Gelände bergig ist oder sommerliche Hitze herrscht, ist die Anstrengung größer; dem Pferd sollte dann keine zu lange Wegstrecke zugemutet werden. Wichtig ist es, darauf zu achten, daß der größte Teil des Weges vor der längeren Mittagsrast zurückgelegt wird. An heißen Sommertagen sollte man sehr früh aufbrechen, während der Mittagsstunden eine lange Rast einlegen und erst am kühleren Nachmittag weiterreiten.

Bei Ritten, die mehrere Tage dauern, muß das Streckenmaß für jeden Tag sehr genau festgelegt sein. Wenn das Gelände nicht bekannt ist, ist eine maßstabgerechte Landkarte erforderlich (Maßstab 1 : 200 000). Ferner müssen Quartiere für Pferde und Reiter vorbereitet werden, und es muß dafür gesorgt sein, daß das Futter für die Pferde bereitliegt. Diese Vorbereitungen erledigt man am besten, indem man vorher mit dem Auto die Quartiere aufsucht. Dabei sollte man nicht vergessen, sich bei den zuständigen Reitvereinen, Förstern oder Landwirten zu erkundigen, welche Reitwege zur Verfügung stehen.

Bei der Zusammenstellung der Ausrüstung muß eingeplant werden, wie sie befördert werden soll. Wird alles in Satteltaschen mitgeführt, so muß sich der Reiter auf das Notwendigste be-

Planung längerer Ausritte 17

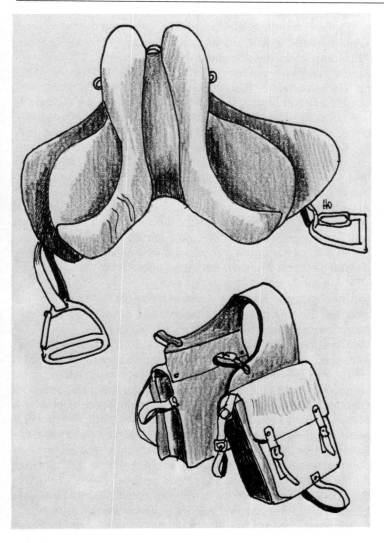

Abb. 2. Trachtensattel und Satteltaschen.

18 Planung längerer Ausritte

schränken. Wenn die Ausrüstung mit dem Auto befördert wird, kann man etwas großzügiger planen.

Zur Ausrüstung des Pferdes für einen längeren Ritt gehören: Stallhalfter mit Anbindestrick, Putz- und Pflegemittel, eine kleine Hausapotheke, Pferdedecke und Hufbeschlagzeug einschließlich zweier vorgefertigter Eisen. Zumindest ein Reiter in der Gruppe sollte in der Lage sein, ein Eisen selbst anzunageln!

Als Sattel ist der Trachtensattel besonders zu empfehlen, da er die Wirbelbrücke des Pferdes freier läßt als andere Sattelarten und sich zudem besser für das Anbringen von Ausrüstungsgegenständen eignet (s. Abb. 2).

Als Sattelunterlage ist ein Woilach zu empfehlen. Der Sattelgurt sollte möglichst breit und weich, die Steigbügel müssen breit und schwer sein. Das Sattel- und Zaumzeug ist vor einem längeren Ritt sehr sorgfältig zu überprüfen; dabei muß besonders darauf geachtet werden, daß Steigbügelriemen und Gurtenstrupfen intakt und gut gepflegt sind.

Gut gepflegt und elastisch müssen auch die Hufe des Pferdes sein. Der Beschlag ist mit Hartstiftstollen zu versehen und spätestens eine Woche vor dem Ausritt zu erneuern.

Während des Ritts sollte man etwa alle drei Stunden eine Rast einlegen. Der Rastplatz wird sorgfältig ausgesucht: Er muß wind- und bei Hitze sonnengeschützt sein; nach Möglichkeit sollte er frei von Mücken und Bremsen, auf jeden Fall aber von Giftpflanzen sein (s. S. 93)! Gutes Gras dagegen ist eine willkommene Erfrischung für das Pferd. Schwitzende Pferde müssen erst eine Weile geführt werden, bevor man sie stehenläßt. Bei kalter Witterung sind die Pferde einzudecken. Auf keinen Fall darf man ein Pferd mit den Zügeln anbinden! Ist kein Stallhalfter mit Strick zur Hand, so muß das Pferd gehalten werden. Bei einer Gruppe können die Pferde durch sogenannte ,,Schlaufen" verbunden und dann von zwei Reitern gehalten werden (s. Abb. 3).

Es ist ratsam, bei der Rast Beschlag, Sattel- und Gurtenlage und die Pferdebeine auf Verletzungen hin zu untersuchen. Ist sauberes Wasser vorhanden, reinigt man die Sattellage.

Planung längerer Ausritte 19

Abb. 3. Mehrere Pferde durch „Schlaufen" verbunden.

Wenn die Pferde grasen, wird das Gebiß ausgeschnallt, besser noch: das mitgebrachte Stallhalfter angelegt. Immer ist darauf zu achten, daß sich die Pferde nicht schlagen können.

20   Planung längerer Ausritte/Bodenbeschaffenheit

Zusätzlich zu den Rasten kann der Reiter viel zur Schonung seines Pferdes beitragen, wenn er immer wieder (etwa jede Stunde) eine Weile absitzt und es führt. Das verschafft nicht nur dem Pferd Erleichterung, sondern tut auch dem Reiter gut! Das Nachtquartier sollte unbedingt so rechtzeitig vor Einbruch der Dunkelheit erreicht sein, daß die Pferde noch bei Tageslicht versorgt werden können.

Bodenbeschaffenheit und Strecke

Vor allem bei längeren, aber auch bei kürzeren Ausritten sind Bodenbeschaffenheit und Strecke von größter Wichtigkeit für die Gesundheit des Pferdes, die Freude des Reiters und nicht zuletzt für die Vermeidung unnötigen Ärgers oder gar Kostenaufwands, der zum Beispiel bei Flurschaden entstehen kann. Voraussetzung zum Galoppieren ist eine übersichtliche, ebene oder leicht ansteigende Strecke. Der Boden sollte weich und federnd und weder zu feucht noch zu tief sein; das gilt ganz besonders für das Galoppieren in höherem Tempo. Trockener Gras- und Sandboden eignen sich hierfür am besten. Auf Feldwegen mit tiefen Treckerspuren reitet man auf dem Mittelstreifen. Unbedingt zu vermeiden ist das Galoppieren auf Steinen und befestigten Wegen.
Es darf niemals Flurschaden entstehen! Ritte durch Forstkulturen, Dickungen, Saatkämpe und Neuanpflanzungen sind verboten. Zu möglichst großen Teilen sollte die Strecke über unbefestigte Feldwege führen. Verboten ist auch das Reiten auf Wiesen, Feldern, Fuß- und Radwegen. Nur in einigen Bundesländern ist es in der Zeit zwischen dem 1. November und dem 1. April erlaubt, bei trockenem Boden über Wiesen zu reiten.

Gefahrenmomente und Risikosituationen

Morsche Brücken und unbekannte Gewässer sind gefährlich und deshalb unbedingt zu meiden. Auch sumpfiges Gelände ist tabu! Taucht auf dem Weg eine schmale Brücke auf, so ist es

Gefahrenmomente und Risikosituationen 21

meist besser und reiterlicher, abzusitzen und das Pferd hinüber-
zuführen, um kein unnötiges Risiko einzugehen (s. Abb. 4). Das-
selbe gilt, wenn der Weg unter einer niedrigen Brücke hindurch-
führt. Vor allem, wenn auf dieser Brücke reger, lauter Autover-
kehr herrscht, sollte man lieber absitzen, als sich und sein Pferd
in eine gefährliche Situation zu bringen. Auch durch Straßentun-
nels und über Autobahnbrücken wird das Pferd geführt.
Scheut ein Pferd, so versuche man, es im Schenkelweichen oder
schulterhereinartig an dem gefürchteten Gegenstand vorbeizureiten (s. Abb. 5). Beim Reiten in der Gruppe empfiehlt es sich,
ein Pferd vorausgehen zu lassen. Wenn ein Pferd im Straßenverkehr scheut, so wird es von einem sicheren Reiter mit einem ruhigen Pferd ,,abgedeckt'': Er reitet dicht neben dem scheuenden
Tier auf dessen linker, dem Verkehr zugewandter Seite, verstellt
ihm damit die Sicht auf die Strecke und verhindert, daß es unter
Umständen in vorbeifahrende Autos springt (s. Abb. 6).
Ein Pferd, das aus irgendeinem Grund heftig wird und sich nicht
mit normalen Paraden aufnehmen läßt, kann man auf einem großen, dann immer enger werdenden Bogen zu beruhigen versuchen (s. Abb. 7). Allerdings muß hierfür eine weite offene Fläche
zur Verfügung stehen, auf der zudem das Reiten erlaubt ist. Da
dies nur selten der Fall sein wird, muß im Notfall die ,,Notbremse''
angewandt werden, damit der Reiter nicht sich, sein Pferd und andere in Gefahr bringt. Der Reiter stützt eine Hand am Pferdehals
auf und nimmt mit der anderen durch energisches Annehmen und
Nachgeben die Nase des Pferdes hoch; gleichzeitig richtet er
den Oberkörper auf und macht die Beine zu. Auf diese Art drückt
er den Hebel von Kopf und Hals des Pferdes gegen dessen
Rücken und zwingt es dadurch, mit den Hinterbeinen aufzu-
nehmen und das Tempo zu vermindern.
Es muß hier allerdings mit Nachdruck darauf hingewiesen werden, daß von Natur aus heftige und vom Temperament her
schwierige Pferde für das Gelände ungeeignet sind und eine zu
große Gefahr für einen selbst und andere bedeuten. Nur ein
temperamentmäßig ausgeglichenes und rittiges Pferd kann
Freude und Sicherheit beim Geländereiten gewährleisten.

22 Gefahrenmomente und Risikosituationen

Abb. 4. Um beim Überqueren einer schmalen Brücke kein unnötiges Risiko einzugehen, sitzt man ab und führt das Pferd hinüber.

Gefahrenmomente und Risikosituationen 23

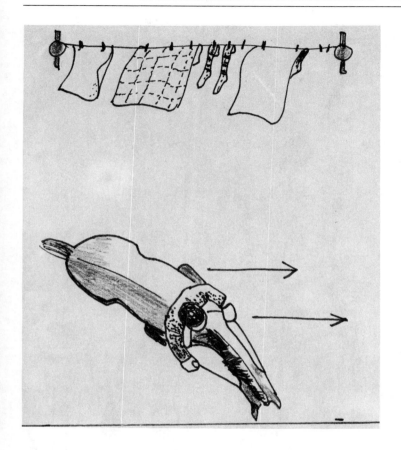

Abb. 5. Scheut ein Pferd vor einem Gegenstand, versucht man, es im Schenkelweichen daran vorbeizureiten.

24 Gefahrenmomente und Risikosituationen

Abb. 6. Ein im Straßenverkehr scheuendes Pferd wird durch ein ruhiges Begleitpferd „abgedeckt", indem man dieses dicht neben ihm auf der linken, dem Verkehr zugewandten Seite reitet.

Gefahrenmomente und Risikosituationen 25

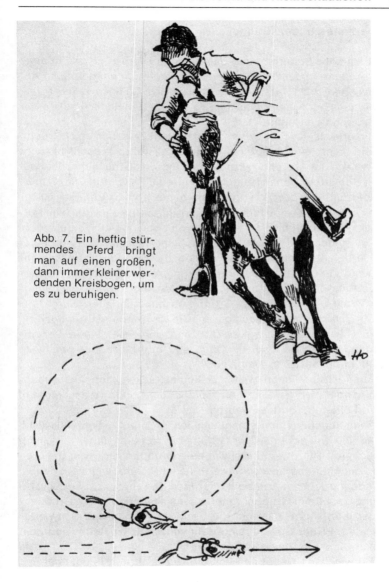

Abb. 7. Ein heftig stürmendes Pferd bringt man auf einen großen, dann immer kleiner werdenden Kreisbogen, um es zu beruhigen.

Verhalten in der Gruppe

Außer der Beherrschung des eigenen Pferdes ist das richtige Verhalten in der Gruppe für den Freizeitreiter unabdingbar. Abgesehen davon, daß man nie allein ins Gelände reiten sollte, findet ja auch die praktische Prüfung für den Reiter-Paß in einer Gruppe von Reitern statt.

Ein grundsätzlicher Unterschied besteht zwischen einer Gruppe und einer Abteilung. Eine Abteilung besteht aus sechs bis acht Reitern, der Abstand zwischen den Pferden ist auf eine oder zwei Pferdelängen genau festgelegt, und jeder Reiter hört und reagiert sofort auf ein präzise vorgeschriebenes Kommando. Eine Gruppe dagegen ist eine lockerer organisierte Gemeinschaft von Reitern; üblich ist hier der Abstand von zwei bis vier Pferdelängen, auf keinen Fall jedoch darf der Sicherheitsabstand von einer Pferdelänge unterschritten werden, da sonst Verletzungsgefahr bestünde (etwa durch Aufreiten und Ausschlagen des Vorderpferdes). Das Höchstmaß des erlaubten Abstandes ist der „Sichtkontakt", ohne den die Gruppe auseinanderfallen würde. Auf Straßen darf eine geschlossene Reitergruppe nicht länger als 25 m sein; hier beträgt der Abstand eine Pferdelänge. Der Abstand zwischen zwei Gruppen, die hintereinander reiten, ist ebenfalls auf 25 m festgelegt.

Auf übersichtlichen, weiten Geländestrecken kann auch nebeneinander geritten werden; dabei ist ein Mindestzwischenraum von einem Schritt zu wahren.

Beim üblichen Hintereinanderreiten ist darauf zu achten, daß am Anfang wie am Ende der Gruppe ein sicherer Reiter mit einem sicheren Pferd reitet. Schwächere Gruppenmitglieder gehören in die Mitte; heftigere Pferde sollten möglichst weit vorn gehen, jedoch nicht am Anfang der Gruppe. Die Rücksicht auf Schwächere ist beim Gruppenreiten ebenso wichtig wie die Gruppendisziplin! Als Faustregel gilt: Gangart, Tempo und Schwierigkeitsgrad der Strecke sind dem schwächsten Reiter und dem schwächsten Pferd anzupassen.

Ein wichtiges Gebot ist auch die Rücksicht auf Fußgänger und

Verhalten in der Gruppe

Abb. 8. Reiten mit Handpferd.

28 Verhalten in der Gruppe

Radfahrer. Auf sie macht der Anfangsreiter durch Handzeichen oder Zuruf rechtzeitig aufmerksam. Falls an ihnen nicht in einem großen Bogen vorbeigeritten werden kann, pariert die Gruppe (und natürlich auch der Einzelreiter) zum Schritt durch. Erst nach angemessener Entfernung darf wieder angetrabt oder angaloppiert werden.

Auch andere Hinweise und Informationen werden vom Anfangsreiter durch Zuruf oder Handzeichen nach hinten durchgegeben: zum Beispiel das Wechseln der Gangart oder der Hinweis auf Gefahrenmomente wie Stacheldraht, Löcher usw. Das Zurückbleiben oder der Sturz eines Reiters sind sofort von hinten nach vorn durchzugeben; schon aus diesem Grund ist der Sichtkontakt unbedingt einzuhalten! Der Schlußreiter hat hierbei eine besonders wichtige Funktion für das Zusammenbleiben der Gruppe und die Sicherheit jedes Einzelnen. Bei einem Sturz hält die Gruppe so prompt wie möglich an, beim Zurückbleiben eines Reiters reduziert sie ihr Tempo in entsprechendem Maß. Es kann auch notwendig werden, daß ein Reiter aus der Gruppe zurückreitet, um einem anderen Hilfe zu leisten. Auch das Mitführen eines Handpferdes sollte beherrscht werden, falls ein Mitreiter sich verletzt hat und nicht selbst nach Hause reiten kann (s. Abb. 8). Der Vordermann darf nicht überholt werden. Wenn es doch dazu kommen sollte, daß ein Reiter sein Pferd nicht auf Sicherheitsabstand halten kann – und auch die Möglichkeit, auf großem Bogen abzuwenden, nicht besteht –, dann muß er seinem Vordermann zurufen, daß er ihn überholen wird.

Wo es erlaubt ist, im Winter auf Wiesen zu reiten (s. S. 21), reitet man nicht hintereinander, sondern auf der ganzen Breite verteilt, um eventuellen Flurschaden zu vermeiden. Es kann dabei auf einer Linie oder gestaffelt geritten werden.

Andere Reiter zu kreuzen oder zu schneiden ist unreiterlich und gefährlich!

Aufgaben 29

Abb. 9. Gestaffelt reitende Gruppe auf einer Winterwiese.

Mögliche Aufgabenstellungen (A) und deren Durchführung (D)

Die Prüfung für den Reiter-Paß findet in einer Gruppe (nicht Abteilung!) von Reitern statt. Außer den reiterlichen Fertigkeiten des Einzelnen wird also auch das Verhalten in der Gruppe ge-

30 Aufgaben/Reiten im Schritt

prüft. Dazu gehört in erster Linie das Einhalten der Abstände von zwei bis vier Pferdelängen, wobei auf keinen Fall der Sicherheitsabstand von einer Pferdelänge unterschritten werden darf. Auch Einzelaufgaben können gestellt werden. Jeder Reiter muß zum Beispiel in der Lage sein, mit seinem Pferd von der Gruppe wegzureiten oder die Spitze zu übernehmen. Die hier aufgeführten Aufgabenstellungen geben einen Überblick darüber, was in einer solchen Prüfung verlangt werden kann; natürlich werden nicht alle Aufgaben auch wirklich gestellt. Der Prüfer wird je nach Geländebeschaffenheit und eigenem Ermessen eine Auswahl treffen, die ja auch den zeitlichen Rahmen von ein bis zwei Stunden nicht sprengen darf. Jeder Reiter, der den Reiter-Paß erwerben möchte, sollte jedoch darauf vorbereitet sein, alle genannten Anforderungen zu erfüllen, da dies über die Prüfung hinaus für ein sicheres Reiten im Gelände unerläßlich ist.

A *Vorreiten der Pferde im Schritt*
D Im Schritt werden die Zügel immer vier bis fünf Zentimeter länger gefaßt als im Trab und im Galopp. In der Regel sollte eine Verbindung zwischen Reiterhand und Pferdemaul bestehen, das heißt, das Pferd geht am Zügel, in natürlicher Haltung oder auch am langen Zügel. Gehen die Pferde ruhig und entspannt, so können bei entsprechender Geländestrecke die Zügel hingegeben werden, um den Pferden ein zwangloses Bummeln zu ermöglichen (s. Abb. 1).
Im Straßenverkehr oder in kritischen Situationen (Erschrecken, Scheuen) müssen die Zügel immer aufgenommen werden (am Zügel oder natürliche Haltung). Das gilt auch dann, wenn ein

Abb. 10 (oben). Pferd im Schritt in leichter Anlehnung am Zügel.

Abb. 11 (unten). Verstärkt vortreibende Schenkelhilfe auf das jeweils abfußende Hinterbein, um ein vermehrtes Vortreten der Hinterbeine zu veranlassen.

Reiten im Schritt 31

32 Reiten im Schritt/Antraben und Leichttraben

Pferd zu eilig wird oder wegzulaufen droht. In diesem Fall fängt
der Reiter sein Pferd durch Annehmen und Nachgeben der Hand
bei gleichzeitig vortreibenden Hilfen auf. Bei aufgenommenem
und am langen Zügel muß die Hand des Reiters eine gleichmäßige, weiche Verbindung zum Pferdemaul halten und auf die natürliche Nickbewegung des Pferdes eingehen. Er schmiegt sich
aus der Hüfte heraus weich in die Bewegung des Pferdes ein,
seine Beine liegen dabei ruhig und gleichsam „mitatmend" am
Pferdeleib. Faule Pferde, bei denen der Abstand zu groß zu werden droht, werden zu vermehrtem Vortreten der Hinterbeine veranlaßt, indem man mit den vortreibenden Hilfen auf das jeweils
abfußende Hinterbein einwirkt (s. Abb. 11). Reagiert das Pferd
darauf nicht oder nicht genügend, so ist es besser, einmal mit
der Gerte nachzuhelfen, als dauernd mit den Unterschenkeln zu
klopfen! Unruhige Unterschenkel sind nicht nur unschön, sondern wirken mit der Zeit so abstumpfend auf das Pferd, daß es
zuletzt gar nicht mehr auf den treibenden Schenkel reagiert.

[A] *Antraben und Leichttraben*
[D] Zum Antraben werden die Zügel vier bis fünf Zentimeter
nachgefaßt. Nach dem Antraben trabt der Reiter leicht, das heißt,
er steht bei jedem zweiten Takt im Bügel auf. Der Oberkörper
wird so gehalten, daß der Schwerpunkt des Reiters mit dem des
Pferdes in Einklang ist (auf keinen Fall hinter der Senkrechten,
aber auch nicht zu weit nach vorn auf die Vorhand fallend!); die
Beine liegen ruhig am Pferdeleib. Pferde, die im Tempo zurückbleiben, werden beim Hinsetzen durch verstärkten Druck beider
Waden zu vermehrtem Vorwärtsgehen veranlaßt. Auch hier ist –
wie im Schritt – ein Nachhelfen mit der Gerte besser als fort-
während klopfende Beine! Zu eilige Pferde fängt man bei tiefer

Abb. 12. Beim Leichttraben (hier auf dem linken Hinterfuß) steht der
Reiter bei jedem zweiten Takt im Bügel auf.

Antraben und Leichttraben 33

34 Fußwechseln im Trab/Galoppieren

Hand durch Annehmen und Nachgeben bei gleichzeitigem Schließen der Beine auf; auch die (leise eingesetzte) beruhigende Stimme darf zu Hilfe genommen werden. Das Tempo entspricht einem frischen Arbeitstrab.

A *Fußwechseln im Trab*

D Zum Fußwechseln sitzt der Reiter einen Takt lang aus, läßt sich einmal „werfen". Mit einem Blick auf die Schulter seines Pferdes kann der weniger routinierte Reiter überprüfen, auf welchem Fuß er leichttrabt. Zum Beispiel: Das rechte Hinterbein fußt gleichzeitig mit dem diagonalen linken Vorderbein ab; der Reiter trabt also dann auf dem rechten Hinterfuß leicht, wenn er beim Vortreten des linken Vorderbeins aufsteht. Aufstehen und Hinsetzen erfolgen gleichzeitig mit dem Vor und Zurück der entsprechenden diagonalen Schulter.

A *Angaloppieren und Galoppieren*

D Angaloppiert wird am besten aus dem Trab; der Abstand zum Vorderreiter muß dabei groß genug sein. Im Galopp sitzt der Reiter im leichten Sitz, das heißt, der Oberkörper ist leicht vorgeneigt, das Gesäß bleibt dicht am Sattel (s. Abb. 13 u. S. 101). Die Hände sind tief an den Mähnenkamm geschmiegt. Das Tempo entspricht dem frischen Arbeitsgalopp oder dem Mittelgalopp. Es empfiehlt sich, die Bügel etwas stärker nach vorn durchzutreten, damit die Unterschenkel nicht zurückrutschen. Heftige Pferde fängt man durch Annehmen und Nachgeben der Hände auf, wobei gleichzeitig die Beine geschlossen werden und der Oberkörper aufgerichtet wird. Auf einer übersichtlichen Strecke kann über etwa 100 m auch einmal das Galoppieren in hohem Tempo (bis zu 500 m/Min.) verlangt werden. Dabei geht der Oberkörper des Reiters entsprechend weiter vor, um die Übereinstimmung der Schwerpunkte von Reiter und Pferd zu halten.

Galoppieren und Galoppwechsel 35

Abb. 13. Galopp im leichten Sitz.

[A] *Angaloppieren im Links- oder Rechtsgalopp und Galoppwechsel*
[D] Beim Linksangaloppieren wird der rechte Schenkel ca. eine Handbreit zurückgenommen, das Pferd wird nach links gestellt, die linke Hand geht leicht vor, die linke Gesäßhälfte wird etwas mehr belastet und der linke Bügel stärker ausgetreten. Das vorherige Reiten eines Linksbogens erleichtert das Angaloppieren im richtigen Galopp. Beim Rechtsangaloppieren wird entsprechend umgekehrt verfahren. Zum Wechseln des Galopps pariert man am besten zum Trab durch. Das Neuangaloppieren erfolgt wie oben beschrieben. Routinierte Reiter können auch einen fliegenden Galoppwechsel reiten, das heißt ihr Pferd, ohne

36 Galoppwechsel

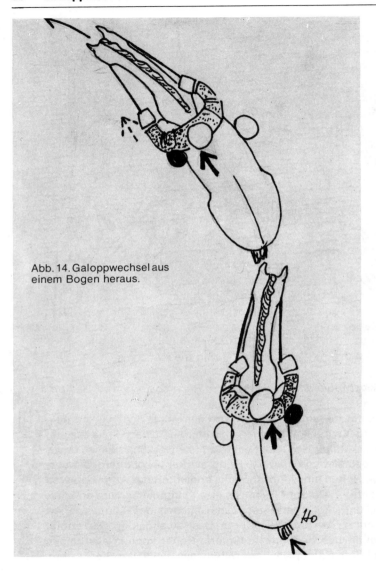

Abb. 14. Galoppwechsel aus einem Bogen heraus.

Durchparieren/Kehrtwendung   37

durchzuparieren, im Galopp umspringen lassen. Auch der fliegende Galoppwechsel gelingt am leichtesten aus dem entsprechenden Bogen heraus (s. Abb. 14).

A *Durchparieren zum Trab*
D Es wird auf Abstand durchpariert. Die Hände des Reiters bleiben ruhig und tief, nehmen die Zügel etwas an und geben wieder nach. Gleichzeitig wird der Oberkörper zurückgenommen, der Reiter sitzt tiefer ein und schließt beide Waden. Eventuell muß die Parade wiederholt werden, bis das Pferd im Trab geht. Die beruhigende Stimme darf als zusätzliches Hilfsmittel eingesetzt werden.

A *Durchparieren aus dem Trab zum Schritt*
D Hierfür gelten grundsätzlich dieselben Einwirkungen wie bei der Parade aus dem Galopp zum Trab.

A *Durchparieren aus dem Schritt oder Trab zum Halten*
D Auch hier gelten die oben geschilderten Einwirkungen, die bei der Parade zum Halten unter Umständen häufiger wiederholt werden müssen. Das Durchparieren aus dem Trab zum Halten darf über den Schritt erfolgen. Nach der ganzen Parade sollten die Pferde auf Abstand und so ruhig wie möglich stehen.

A *Kehrtwendung*
D Die Kehrtwendung ist ein Bogen, der nicht zum Kreis geschlossen wird, so daß die Reiter nachher in umgekehrter Richtung reiten. Eine Kehrtwendung im Schritt oder im Trab kann als Prüfungsaufgabe von der ganzen Gruppe, aber auch von einem einzelnen Reiter verlangt werden. Sie kann darüber hinaus aus Gründen der Hilfeleistung (z.B. Zurückreiten zu einem gestürzten Reiter) notwendig sein. Bei der Kehrtwendung wirkt der Reiter vermehrt mit dem zurückgenommenen äußeren Schenkel und dem inneren Zügel ein; die innere Hand darf dabei niemals fest werden, ins ,,Ziehen" kommen, sondern muß immer wieder nachgeben. Die Verbindung am äußeren Zügel hat begrenzende,

38 Kehrtwendung

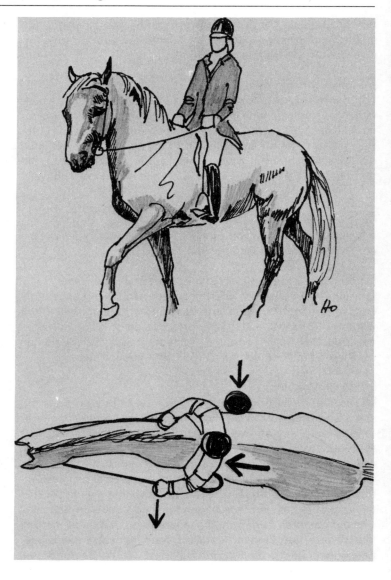

Volten/Wendung aus dem Halten 39

Abb. 15. Die Hilfen für die Kehrtwendung: vermehrtes Einwirken mit dem zurückgenommenen äußeren Schenkel und dem inneren Zügel; das Gewicht des Reiters ist nach innen verlagert.

einrahmende Funktion. Der innere Steigbügel wird vermehrt ausgetreten, so daß das Reitergewicht das Pferd stärker auf der Innenseite des Bogens belastet (s. Abb. 15).

Wird einem einzelnen Reiter die Aufgabe gestellt, allein gegen die Richtung der Gruppe eine Kehrtwendung zu reiten, so muß er für gewöhnlich mit besonders energisch vortreibenden Hilfen einwirken, da sich das Pferd − seinem Herdentrieb gehorchend − meist nur ungern von den anderen entfernt oder die Gegenrichtung zu ihnen einschlägt.

Die Fähigkeit des Reiters, sein Pferd von der Gruppe zu lösen, kann auch dadurch überprüft werden, daß eine Zweiergruppe aufgefordert wird, an einer Kreuzung oder Weggabelung eine andere Richtung als die übrigen Reiter einzuschlagen.

[A] *Volten oder große Kreise*
[D] Die Volte ist im Gegensatz zur Kehrtwendung ein geschlossener Kreis. Die Einwirkungen des Reiters sind dieselben wie bei der Kehrtwendung. Volten können in allen drei Grundgangarten verlangt werden, wobei der Kreisbogen im Galopp entsprechend groß sein darf.

[A] *Wendung aus dem Halten*
[D] Eine Wendung aus dem Halten ist vor allem dann zweckmäßig, wenn der Weg in einer engen Sackgasse endet (z.B. plötzlich auftauchender Stacheldraht oder undurchdringliches Dornengestrüpp auf einem Weg, der von dichtem Wald oder Hecken eingerahmt ist).

Die Hilfen entsprechen den bei der Kehrtwendung beschriebenen; das Pferd wird auf der Stelle oder auf sehr kleinem Kreis gewendet, wobei der innere Schenkel das Seitwärtstreten veranlaßt. Nach ausgeführter Wendung ist der vorherige Schlußreiter der neue Anfangsreiter (s. Abb. 16).

40 Wendung aus dem Halten

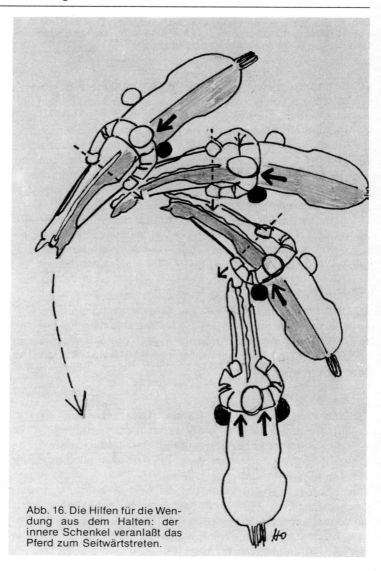

Abb. 16. Die Hilfen für die Wendung aus dem Halten: der innere Schenkel veranlaßt das Pferd zum Seitwärtstreten.

Anfangsreiter/Reiten über Baumstämme 41

A *Wechsel des Anfangsreiters*

D Der Anfangsreiter kann auch auf andere Weise gewechselt werden. So wird zum Beispiel ein beliebiger Reiter aus der Gruppe aufgefordert, den Anfang zu übernehmen. Die Gruppe reitet Schritt, während der Aufgeforderte im Trab an dem oder den anderen vorbeireitet. Auch hierbei muß er in der Regel mit vermehrt treibenden Hilfen einwirken. Er pariert erst dann zum Schritt durch, wenn der Abstand zwischen ihm und dem bisherigen Anfangsreiter zwei bis vier Pferdelängen beträgt.

A *Reiten am Anfang einer Gruppe*

D Der Anfangsreiter muß stets die Übersicht über die gesamte Gruppe haben und sich durch Zurückschauen davon überzeugen, daß alles in Ordnung ist. Dazu gehören auch die Abstände, für die er entscheidend mitverantwortlich ist; so muß er bei seinem Tempo das Tempo der anderen berücksichtigen, damit die Abstände weder zu klein noch zu groß werden. Den Wechsel der Gangart oder das Durchparieren zum Halten kündigt er rechtzeitig und deutlich durch vorher vereinbarte Handzeichen oder durch Zuruf an. Bei einer größeren Gruppe geben die anderen die Informationen des Spitzenreiters nach hinten weiter. Das Angaloppieren wird vom Anfangsreiter aus dem Trab eingeleitet, damit die Pferde nicht „überfallen" und heftig werden. Gefährliche Situationen werden ebenfalls so rechtzeitig wie möglich angekündigt. Der Anfangsreiter darf niemals ruckartig durchparieren und ist auch hierbei dafür verantwortlich, daß die Abstände eingehalten werden können.

A *Reiten über am Boden liegende Baumstämme*

D Über am Boden liegende Baumstämme reitet man im Schritt oder im Trab. Wichtig ist, daß die Hände des Reiters das Pferd nicht stören; sie liegen unterhalb des Mähnenkamms am Pferdehals und geben in Richtung Pferdemaul nach, um dem Pferd die nötige Dehnungshaltung zu ermöglichen. Der Oberkörper wird aus der Hüfte heraus nach vorn geneigt. Die Bügel sollten vermehrt nach vorn durchgetreten werden (s. Abb. 17).

42 Springen

Abb. 17. Anreiten eines kleinen Hindernisses im Trab; Sitz über dem Sprung.

[A] *Springen kleinerer Hindernisse*
[D] Kleinere Hindernisse werden aus dem Trab oder ruhigen Galopp gesprungen. Für Sitz und Einwirkung des Reiters gilt das

Bergaufklettern 43

oben Gesagte, der Oberkörper neigt sich eventuell etwas weiter vor. Ein verstärktes Durchtreten der Bügel nach vorn verhindert, daß die Unterschenkel zurückrutschen. Bleibt ein Pferd vor dem Hindernis stehen, so hat der Reiter den Sprung unverzüglich freizumachen, damit er die anderen nicht behindert. Er reitet dann mit energisch vortreibenden Hilfen und ausreichendem Anlauf das Hindernis von neuem an, wobei er sich nach Möglichkeit einem anderen, sicher springenden Pferd anschließt.

[A] *Bergaufklettern*
[D] Ein Hang muß immer senkrecht hinaufgeritten werden, damit die Pferde nicht seitlich abrutschen! Der Reiter neigt seinen

Abb. 18. Bergaufklettern.

44 Bergabklettern

Oberkörper entsprechend der Steilheit des Hangs nach vorn, um Hinterhand und Rücken des Pferdes zu entlasten und nicht hinter die Bewegung zu kommen. Der Knieschluß muß fest sein, die Bügel werden nach vorn durchgetreten, die Hände gehen in Richtung Pferdemaul vor, um dem Pferd völlige Halsfreiheit zu geben. Bei sehr steilen Hängen ist es zweckmäßig, mit beiden Händen den Pferdehals zu umfassen.

[A] *Bergabklettern*
[D] Auch bergab wird ein Hang immer senkrecht geritten (s.o.).

Abb. 19. Bergabklettern.

Verhalten auf Autostraßen 45

Der Reiter hält seinen Oberkörper senkrecht oder leicht vorgeneigt (nicht zurückgelehnt!). Die Unterschenkel dürfen nicht
nach vorn rutschen, da die Hinterbeine sonst seitlich auswei-
chen könnten. Der Reiter stützt sich mit beiden Händen am Hals-
ansatz des Pferdes ab.

A *Reiten auf einer Autostraße*

D Auf Straßen wird grundsätzlich Schritt geritten; die Zügel
sind aufgenommen (s. S. 32). Alle Reiter in der Gruppe reiten mit
Sicherheitsabstand (eine Pferdelänge) dicht hintereinander auf
der rechten Seite der Straße. Die Gruppe darf sich auf keinen Fall
auseinanderziehen. Ist die Gruppe länger als 25 m, muß sie sich
in zwei Gruppen teilen. Die zweite Gruppe folgt dann der ersten
in einem Abstand von wiederum 25 m (s. S. 109).

A *Überqueren einer Autostraße*

D Ist die Straße übersichtlich und auf längere Sicht frei, so
machen alle Reiter auf ein vereinbartes Zeichen des Anfangsreiters hin gleichzeitig linksum, reiten auf gleicher Höhe im rechten Winkel auf die andere Straßenseite und reiten danach
wieder im gebotenen Abstand hintereinander. Auf diese Weise
wird eine Straße am schnellsten überquert; Voraussetzung dafür
sind allerdings sichere Reiter, denen das Nebeneinanderabwen-
den diszipliniert und risikolos gelingt (s. Abb. 20).
Wird eine Straße hintereinander überquert, so geschieht das
ebenfalls auf ein Zeichen des Anfangsreiters hin, der sich vorher
davon überzeugt hat, daß die Straße frei ist. Es ist streng darauf
zu achten, daß der Sicherheitsabstand nicht überschritten wird,
also keine Lücke entstehen kann, durch die eventuell auftau-
chende Autos hindurchfahren können. Die dadurch von der
Gruppe getrennten Pferde werden unruhig und können gefährliche Situationen heraufbeschwören! Autofahrern, die rück-
sichtsvoll anhalten, wenn eine Reitergruppe die Straße überquert, sollte man durch ein Handzeichen freundlich danken.
Wenn in erreichbarer Nähe keine Straße vorhanden ist, kann das
richtige Überqueren in der Prüfung auch simuliert werden.

46 Überqueren einer Autostraße

Abb. 20. Gleichzeitiges Überqueren einer Straße durch mehrere Reiter.

Simulieren von Unfällen und Verletzungen

[A] *Simulieren von Unfällen und Verletzungen*
[D] Im Gegensatz zu Rasten bei längeren Ausritten gilt bei Unfällen der Grundsatz: Zuerst der Reiter und dann das Pferd! So kümmert man sich nach einem schweren Sturz zuerst um den verletzten Reiter. Einem weglaufenden Pferd darf auf keinen Fall nachgejagt werden: Es würde sich zum Wettrennen angespornt fühlen und wäre dann ohne das Reitergewicht immer schneller. Ein Reiter – und nicht etwa die ganze Gruppe – reitet dem frei-

Abb. 21. Ein Bewußtloser wird in die stabile Seitenlage gebracht.

laufenden Pferd in gehörigem Abstand nach, wartet, bis es stehen bleibt, reitet mit beruhigender Stimme im Schritt heran und versucht, mit langsamen Bewegungen die Zügel zu fassen.
Ein bewußtloser Reiter muß behutsam in die Seitenlage gebracht werden, um die Gefahr des Erstickens auszuschalten (s. Abb. 21). Stellt man jedoch fest, daß Atem und Pulsschlag schwach sind, muß der Bewußtlose auf den Rücken gelegt und künstlich beatmet werden (s. Abb. 22). Es ist sehr wichtig, daß einer bei dem Verletzten bleibt, damit es nicht zu Schockwirkungen kommt, die tödlich sein können. Ein anderer fordert über das nächste Telefon unverzüglich ärztliche Hilfe an, wobei er in der Lage sein muß, den Unfallort so genau wie möglich zu beschreiben.

Simulieren von Unfällen und Verletzungen

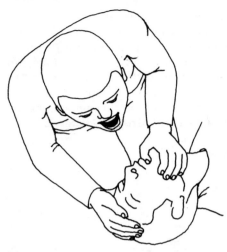

Abb. 22. Mund-zu-Nase-Beatmung. Dabei kippt man den Kopf des Bewußtlosen nach hinten und drückt seinen Mund zu.

Klagt ein Verletzter über Schmerzen im Bereich der Wirbelsäule, so muß er in unveränderter, ruhiger Lage bleiben; unsachgemäße Lageveränderungen können Querschnittlähmungen zur Folge haben. Bei starken Blutungen wird die Ader zum Herzen hin abgedrückt oder abgebunden (wofür z.B. ein Steigbügelriemen verwendet werden kann), bis ärztliche Hilfe da ist (s. Abb. 23). Genauso ist bei verletzten Pferden zu verfahren.

Wenn ein Pferd plötzlich stark lahmt, so sitzt der Reiter sofort ab, um nachzusehen, ob sich in einem der Hufe ein Stein eingeklemmt oder ein Nagel eingetreten hat. Der Stein wird mit einem anderen Stein oder einem Steigbügel herausgeklopft. Der eingetretene Nagel sollte möglichst nur dann herausgezogen werden, wenn ein starkes Desinfektionsmittel (wie Lysol oder Kresol) vorhanden ist, sonst sollte man ihn erst vom Tierarzt entfernen

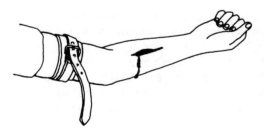

Abb. 23. Eine stark blutende Wunde wird, wenn man keinen Druckverband zur Hand hat, zum Herzen hin abgebunden, wozu man zur Not z.B. einen Steigbügelriemen verwenden kann.

Zusammensetzen und Anpassen einer Trense   49

lassen. Wenn man den Nagel selbst herausgezogen hat, ist es sehr wichtig, ihn aufzubewahren und dem Tierarzt genau zu beschreiben, wie tief und in welcher Richtung er eingedrungen war (Tetanusgefahr!).

Es ist eine Selbstverständlichkeit, daß ein stark lahmendes Pferd nicht geritten, sondern geführt wird.

Der Besuch eines Kurses in Erster Hilfe wird zwar für die Prüfung nicht verlangt, ist aber dringend zu raten. Zumindest ein Mitglied einer Reitergruppe sollte die wichtigsten Grundkenntnisse in der Leistung Erster Hilfe beherrschen.

Sollte eine der oben aufgeführten Übungen nicht bewertet werden können, weil zum Beispiel das Pferd eines Prüflings ,,klebt", so muß der Prüfer umsitzen lassen. Es geht nicht an, daß ein Kandidat aus einem solchen Grund die Prüfung nicht besteht.

Zäumen, Satteln und Bandagieren

Zusammensetzen und Anpassen einer Trense

In diesem Prüfungsteil kann vom Prüfling verlangt werden, daß er eine auseinandergeschnallte Trense wieder zusammensetzt, das heißt, er muß die einzelnen Teile für das jeweilige Pferd passend machen und imstande sein, diejenigen Teile zu zeigen und zu benennen, die dem Pferd individuell angepaßt sein müssen (s. Abb. 24 und 25).

Zum Abmessen kann eine Schnur verwendet werden, in die jeweils an der entsprechenden Stelle ein Knoten gemacht wird, zum Beispiel von Maulwinkel zu Maulwinkel über das Genick oder von Maulwinkel zu Maulwinkel über den Nasenrücken; auf dieselbe Art kann auch das genaue Maß für die notwendige Gebißbreite und für den Stirnriemen genommen werden. Alle übrigen Teile lassen sich verschnallen, man kann sie also am aufgezäumten Pferd passend machen.

50 Zusammensetzen und Anpassen einer Trense

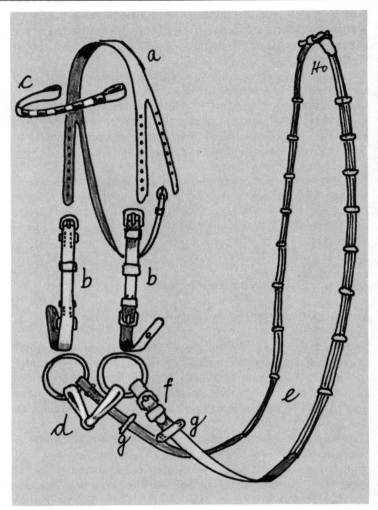

Abb. 24. Einzelteile eines Trensenzaums mit Backenschnallen: a) Genickstück mit Kehlriemenschnalle und -strupfe; b) Backenstücke mit Schnallen; c) Stirnriemen; d) Trensengebiß; e) Gurtzügel mit Stegen; f) Zügelschnallen; g) Martingalschieber.

Zusammensetzen und Anpassen einer Trense 51

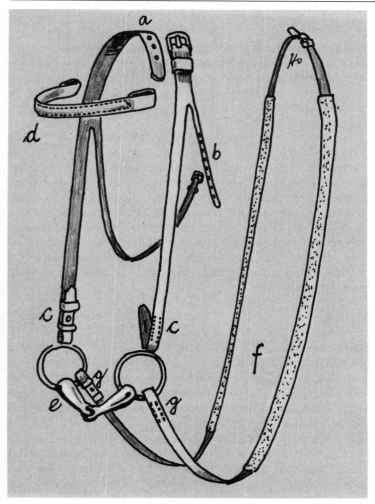

Abb. 25. Einzelteile eines Trensenzaums mit Genickschnalle: a) Genickschnalle; b) Kehlriemenschnalle und -strupfe; c) Steckverschlüsse; d) Stirnriemen; e) Trensengebiß; f) Zügel mit Gummibelag; g) Steckverschlüsse.

Trensen

Das Trensen erfolgt immer dann vor dem Satteln, wenn das Pferd nicht angebunden ist. So wird zum Beispiel das ohne Halfter in der Boxe stehende oder das auf der Weide frei laufende Pferd zuerst getrenst, um zu verhindern, daß es wegläuft. Das im Ständer stehende oder anderswo angebundene Pferd wird dagegen zuerst gesattelt (s. u.).

Beim Trensen steht der Reiter an der linken Seite des Pferdes und nimmt Kopfstück, Zügelschnalle und Nasenriemen in die rechte Hand. Der Handrücken wird von rechts über die Nase des Pferdes gelegt, während die linke Hand das Trensengebiß ins Maul schiebt. Will das Pferd das Maul nicht aufmachen, steckt man den Daumen in die zahnlose Maulspalte. Das Genickstück wird über die Ohren geschoben, der Nasenriemen heruntergelassen, die Zügel werden zurückgestreift, die Schopfhaare über das Stirnband gelegt und Kinn- und Kehlriemen verschnallt (s. Abb. 27). Wie die aufgelegte Trense richtig sitzt, ist aus Abbildung 26 ersichtlich.

Satteln

Bevor der Reiter mit dem Sattel an das Pferd herantritt, spricht er es mit beruhigender Stimme an. Der Sattel wird möglichst weit vorne sacht aufgelegt und nach hinten in die Sattellage geschoben, so daß das Fell glatt liegt. Die Sattelunterlage wird nach oben in die Sattelkammer geschoben, damit sie, ebenso wie der Sattel, nicht auf den Widerrist drückt.

Der Sattelgurt soll langsam herabgelassen werden; auf keinen Fall darf die Schnalle dabei ans Bein schlagen. Zwischen der vorderen Kante des Sattelgurts und dem Ellbogenhöcker muß eine Handbreit Platz sein. Der Reiter überprüft noch einmal, ob Sattelunterlage und Sattelgurt auf beiden Seiten des Pferdes glatt liegen. Dann wird der Gurt auf der linken Seite angezogen, und zwar anfangs nur locker, damit sich das Pferd nicht verkrampft (s. Abb. 28).

Trensen/Satteln 53

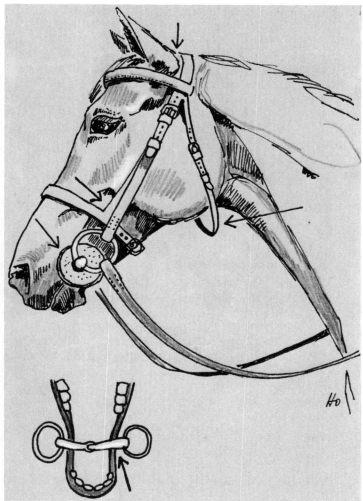

Abb. 26. Richtig verschnallter Trensenzaum mit Englischem Reithalfter:
1. Stirnriemen so breit, daß die Ohren Bewegungsfreiheit haben; 2. Kehlriemen so weit verschnallt, daß eine aufrechte Hand dazwischen paßt; 3. Englisches Reithalfter zwei Fingerbreit unter dem Backenknochen; 4. Gummischeiben zum Schutz der Maulwinkel; 5. Gebiß so breit, daß es an jeder Seite 1 cm über den Maulwinkel hinausragt.

54   Trensen/Satteln

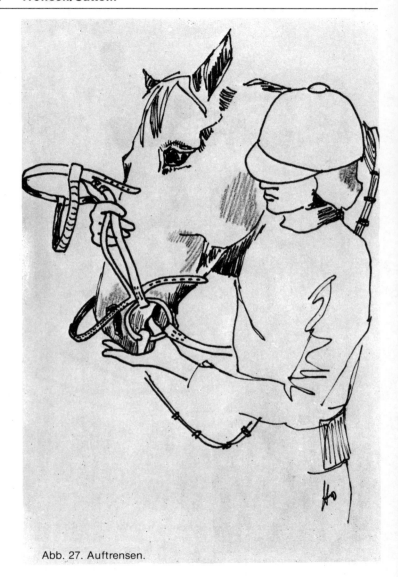

Abb. 27. Auftrensen.

Satteln/Bandagieren 55

Abb. 28. Korrekt gesatteltes Pferd.

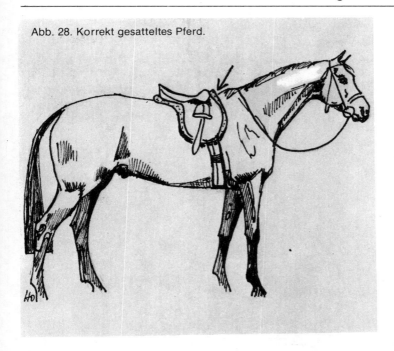

Bandagieren

Die Bandagen geben Halt und bieten einen gewissen Schutz vor Stauchungen, Prellungen und anderen Verletzungen. Die normale Wollbandage wird in regelmäßigen Schlägen von oben nach unten und dann wieder nach oben gewickelt; sie soll glatt und nicht zu fest anliegen und so sitzen, daß die ganze Vorder- bzw. Hinterröhre bis zur Mitte des Fesselkopfes bedeckt ist. Die Bänder müssen glatt ausgedreht werden; sie werden zweimal ums Bein gewickelt und außen verknotet. Der Knoten darf nicht hinten auf der Sehne liegen. Die Enden der Bänder schiebt man unter das Band oder in die Bandage (s. Abb. 29).
Dieselbe Funktion erfüllen Streichgamaschen aus Leder oder

56 Bandagieren

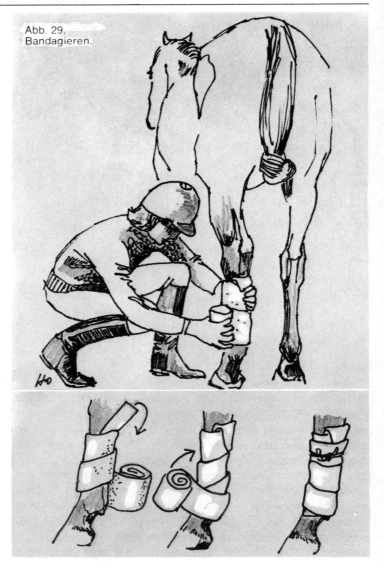

Abb. 29. Bandagieren.

Bandagieren 57

Kunststoff. Sie sind leichter anzulegen und besitzen überdies den Vorteil, daß sie sich beim Reiten durchs Wasser nicht zusammenziehen, die Beine also nicht einschnüren können. Die Gamasche wird so angelegt, daß die Riemen außen liegen und die Enden nach hinten zeigen.

58   Die Ausrüstung des Reiters

Die theoretische Prüfung

Unfallverhütung und Ausrüstung

Die Ausrüstung des Reiters

? Was gehört zur Ausrüstung des Reiters?
! Eine Reithose, Reitstiefel, eine feste Sturzkappe, Reithand-schuhe, eine Gerte und bei fortgeschrittenen Reitern eventuell Sporen.

? Sind richtige Reithosen erforderlich?
! Auf die Dauer gesehen, ja! Nur der Anfänger, der sich noch nicht darüber im klaren ist, ob ihm der Reitsport wirklich zusagt, kann sich in den ersten Stunden bis zur endgültigen Entschei-dung mit Trainingshosen oder Jeans behelfen. Zur Vermeidung von Wundstellen sollte unbedingt darauf geachtet werden, daß an den Beinenden Stege angebracht sind, damit die Hose nicht hochrutscht.

? Welche Arten von Reithosen gibt es?
! Stiefel- und Jodhpurhosen.

? Welche Arten von Reitstiefeln gibt es?
! Stiefel aus Leder oder Gummi, Jodhpurstiefel und Zugstiefel (Stiefeletten) (s. Abb. 30).

? Worauf ist bei Reitstiefeln zu achten?
! Die Sohlen dürfen nicht zu dick und nicht zu breit sein; sie müssen von der Spitze bis zum Absatz durchgehen (nicht nur bis zum Ballen des Fußes!), damit der Reiter nicht am Steigbügel hängenbleiben kann. Die Kappen sollten hinten hoch sein. Beim normalen Reitstiefel aus Leder oder Gummi muß der Schaft bis zum Knie, das heißt bis zur Kniekehle reichen, damit er nicht am Sattelblatt hängenbleibt (s. Abb. 31).

Die Ausrüstung des Reiters 59

Abb. 30. Von oben nach unten: Jodhpurstiefel, Zugstiefel. Schaftstiefel.

60 Die Ausrüstung des Reiters

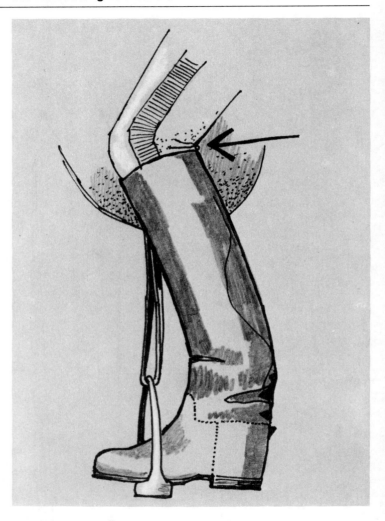

Abb. 31. Der Schaft soll bis in die Kniekehle reichen, damit er nicht am Sattelblatt hängenbleiben kann.

Die Ausrüstung des Reiters 61

? Was ist über das Tragen von Halb- oder Turnschuhen zu sagen?

! Halb- oder Turnschuhe sollten allenfalls zum „Ausprobieren" bei den ersten Longestunden getragen werden. Es ist darauf zu achten, daß die Sohlen weder zu breit noch zu dick sind. Schon aus Sicherheitsgründen empfiehlt es sich dringend, möglichst bald reitsportgerechtes Schuhwerk anzuschaffen.

? Was ist außerdem für die Sicherheit des Reiters erforderlich?

! Die feste Sturzkappe mit fester Einlage und festem Sitz. Die Sturzkappe schützt den Kopf nicht nur bei Stürzen, sondern auch beim Reiten unter herabhängenden Ästen und Zweigen.

? Weshalb sind Reithandschuhe wichtig?

! Sie verhindern, daß dem Reiter schweiß- oder regennasse Zügel aus der Hand rutschen.

? Worauf ist beim Kauf von Reithandschuhen zu achten?

! Sie müssen zwischen Ringfinger und kleinem Finger verstärkt und über dem Handrücken breit genug sein und sollten aus pflegeleichtem, haltbarem Material bestehen.

? Was ist zur sonstigen Bekleidung des Reiters zu sagen?

! Die Oberbekleidung muß zweckentsprechend, das heißt der Witterung angepaßt und bequem sein (bei längeren Ritten auf keinen Fall den Regenschutz vergessen!). Die Unterwäsche sollte keine Nähte am Gesäß und an der Innenseite der Schenkel haben und keinesfalls zu eng im Schritt sein.

? Welche Länge sollte die Reitgerte haben?

! Sie sollte ca. 1 m lang, also weder zu lang noch zu kurz sein, damit sie ohne Behinderung von Pferd, Reiter oder Mitreiter zur Verstärkung der treibenden Hilfen benutzt werden kann.

? Nach welchen Gesichtspunkten werden die Sporen gewählt?

! Am günstigsten sind Radsporen, wobei darauf geachtet wer-

62 Die Ausrüstung des Reiters

Abb. 32. Unerläßlich im Gelände: die feste Sturzkappe, oben mit Kinnschutz.

Die Ausrüstung des Reiters 63

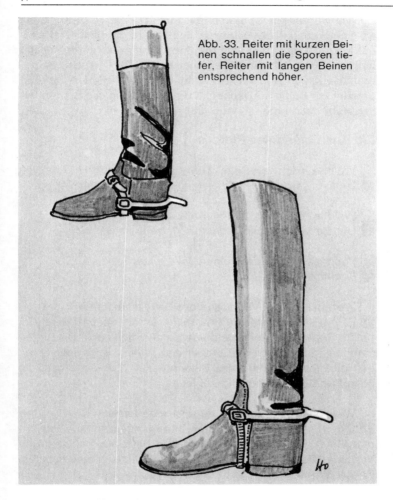

Abb. 33. Reiter mit kurzen Beinen schnallen die Sporen tiefer, Reiter mit langen Beinen entsprechend höher.

den muß, daß die Rädchen sich drehen und nicht blockiert werden können. Unbedingt zu vermeiden sind spitze, grobzackige Sporen. Alle Sporenarten, die das Pferd verletzen können, sind tabu!

64 Die Ausrüstung des Pferdes

[?] Wie werden die Sporen angeschnallt?
[!] Entsprechend der Beinlänge des Reiters, das heißt, ein Reiter mit kurzen Beinen schnallt die Sporen tiefer als ein Reiter mit langen Beinen. Hat der Reiter lange Beine, dürfen auch die Sporenhälse länger sein als bei kurzen Beinen. Die Sporen werden parallel zur Sohle angeschnallt, die Krümmung des Sporenhalses zeigt nach unten (s. Abb. 33).

Die Ausrüstung des Pferdes

[?] Welche Arten von Sätteln unterscheidet man?
[!] Dressur-, Spring- und Vielseitigkeitssättel (s. Abb. 34).

[?] Welcher Sattel ist für den Freizeitsport am geeignetsten?
[!] Der für alle Zwecke gedachte Vielseitigkeitssattel.

[?] Welches sind die einzelnen Teile eines Sattels?
[!] (Siehe Abb. 35)

[?] Worauf ist beim Verpassen des Sattels zu achten?
[!] Er muß der Größe von Pferd und Reiter angepaßt sein. Der tiefste Punkt muß in der Mitte der Sitzfläche liegen. Die Sattelkammer muß so hoch sein, daß sie dem Widerrist genügend Freiheit gibt (sonst Gefahr des Satteldrucks!). Der Sattel muß an allen Punkten gleichmäßig aufliegen.

[?] Wie sollte die Sattelunterlage beschaffen sein?
[!] Sie sollte aus möglichst schweißsaugendem und pflegeleichtem Material bestehen. Geeignet sind Sattelfilz, Schaffell und Verdener Decken. Für lange Ritte empfiehlt sich eine gefaltete Decke (Woilach).

[?] Was ist beim Sattelgurt zu beachten?
[!] Es kann ein Schnuren- oder Ledergurt sein. Er muß breit genug sein und gute, intakte Schnallen sowie einen Umschlag von ca. 6 cm haben (Umschlag nennt man bei Ledergurten das ver-

Die Ausrüstung des Pferdes 65

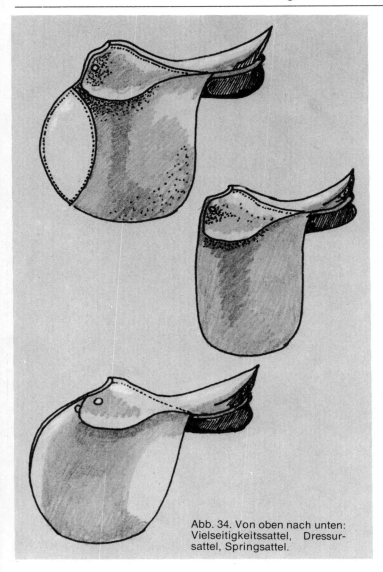

Abb. 34. Von oben nach unten: Vielseitigkeitssattel, Dressursattel, Springsattel.

66 Die Ausrüstung des Pferdes

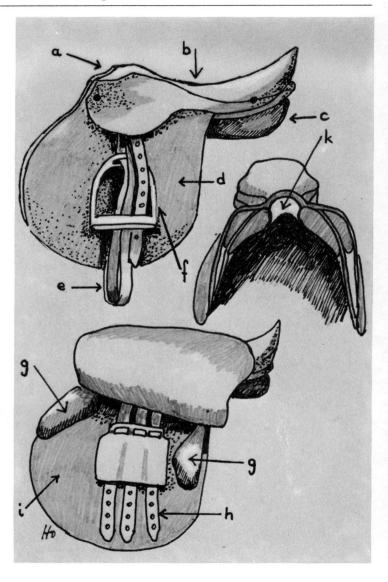

Die Ausrüstung des Pferdes 67

◄ Abb. 35. Einzelteile des Sattels und Stellen, auf die beim Verpassen besonders zu achten sind: a) Sattelkammer; b) Sitzfläche, tiefster Punkt in der Mitte des Sattels; c) Sattelpolster; d) Sattelblatt; e) Steigbügelriemen; f) Steigbügel; g) Pauschen; h) drei Gurtstrippen; i) Schweißblatt; k) Sattelkammer so hoch, daß der Widerrist genügend Freiheit hat.

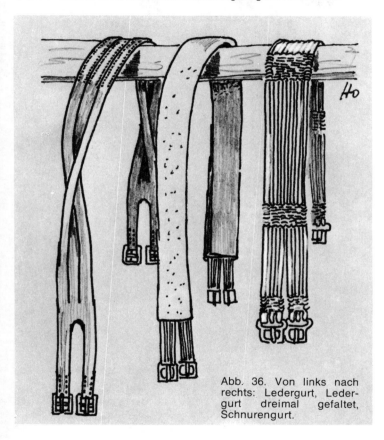

Abb. 36. Von links nach rechts: Ledergurt, Ledergurt dreimal gefaltet, Schnurengurt.

nähte Ende an der Gurtschnalle). Der Ledergurt muß aus starkem, gutem Leder bestehen und bedarf gründlicher Pflege, damit er nicht hart wird und Druckstellen erzeugt.

68 Die Ausrüstung des Pferdes

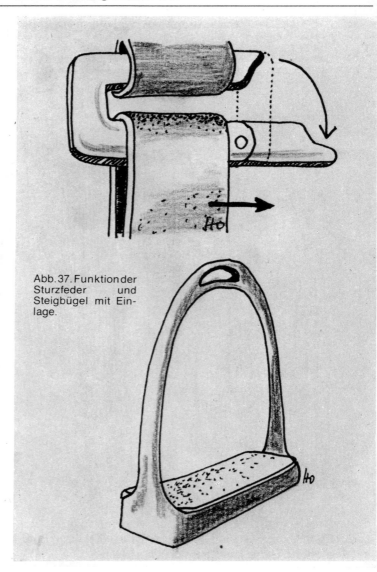

Abb. 37. Funktion der Sturzfeder und Steigbügel mit Einlage.

Die Ausrüstung des Pferdes 69

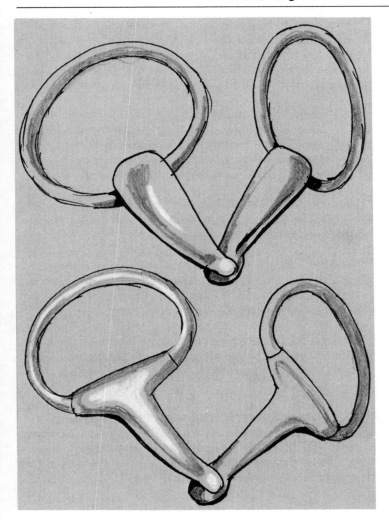

Abb. 38. Oben: normales Trensengebiß, unten: Olivenkopftrensengebiß.

70 Die Ausrüstung des Pferdes

[?] Was ist über die Beschaffenheit der Steigbügel zu sagen?
[!] Sie müssen schwer und breit sein, damit sie leicht und schnell aufgenommen wie auch losgelassen werden können. Letzteres ist vor allem bei Stürzen wichtig! Dazu gehört auch, daß die Sturzfeder gut aufgeht und beim Sturz sofort ausklinkt.

[?] Wie ist der Sattel zu pflegen?
[!] Die Lederteile mit Ausnahme der Satteloberfläche sollten nach jedem Ritt mit Sattelseife und einmal in der Woche mit Sattelfett behandelt werden. Die Steigbügelriemen werden durch die Behandlung mit Lederöl geschmeidig gehalten.

[?] Welche Arten von Gebissen sind zu empfehlen?
[!] Dicke Trensengebisse (mindestens 16 mm am Maulwinkel): normale und Olivenkopftrensengebisse.

[?] Welche Arten von Reithalftern können verwendet werden?
[!] Das Hannoversche, das Englische, das Mexikanische Reithalfter und das Englische Reithalfter mit Sperriemen (kombiniertes Reithalfter) (s. Abb. 39).

[?] Welche Hilfszügel sind sinnvoll?
[!] Ausbinder, Stoßzügel und das lang geschnallte Martingal (s. Abb. 40). Ausbinder und Stoßzügel dürfen nicht im Gelände verwendet werden.

[?] Zu welchen Zwecken werden diese Hilfszügel verwendet?
[!] Die Ausbinder werden beim Longieren oder bei Anfängern benutzt. Der Stoßzügel kann ebenfalls bei Anfängern nützlich sein. Das lang geschnallte Martingal wird bei Pferden, die mit dem Kopf schlagen, verwendet.

Abb. 39. Von oben nach unten: Hannoversches Reithalfter, Englisches Reithalfter, kombiniertes Reithalfter, Mexikanisches Reithalfter.

Die Ausrüstung des Pferdes 71

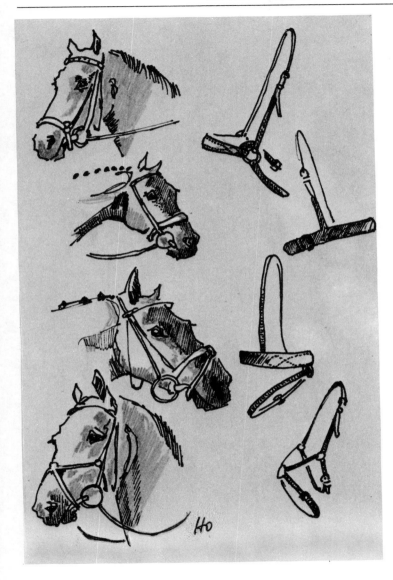

Die Ausrüstung des Pferdes

Abb. 40. Oben: Ausbinder, Mitte: Stoßzügel, unten: Martingal.

Die Ausrüstung des Pferdes 73

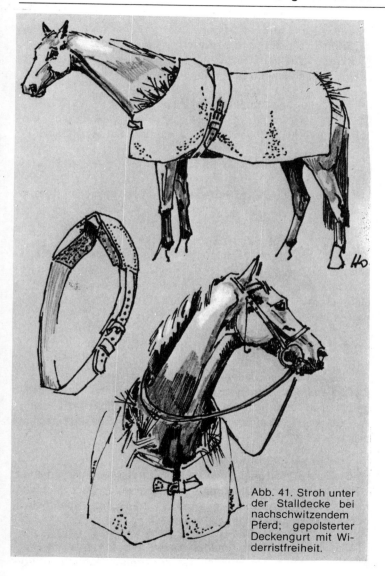

Abb. 41. Stroh unter der Stalldecke bei nachschwitzendem Pferd; gepolsterter Deckengurt mit Widerristfreiheit.

74   Die Ausrüstung des Pferdes/Verladen

[?] Welche anderen Hilfszügel und Zäumungen gibt es, und was ist zu ihrer Verwendung zu sagen?
[!] Kandare, Pelham, Hackamore, Schlaufzügel, Chambon. Sie sollten ausschließlich von wirklichen Könnern benutzt werden!

[?] Wie sollte das Stallhalfter beschaffen sein?
[!] Am besten ist ein stabiles Lederhalfter, weil es nicht einschneiden und nicht verrutschen kann und weil es haltbar ist.

[?] Welchen Zweck erfüllen Bandagen, Gamaschen und Sprungglocken?
[!] Sie bieten Schutz vor Verletzungen an den Beinen und geben Halt.

[?] Wofür braucht man eine Pferdedecke?
[!] An kühlen Tagen, vor allem bei Pausen im Freien, und für geschorene Pferde. Bei Pferden, die nachschwitzen, sollte man wegen der Luftzirkulation Stroh unter die Decke legen. Wichtig ist ein geeigneter Deckengurt, der nicht auf den Widerrist drücken darf (s. Abb. 41).

Verladen und Transport, Unfallverhütung

[?] Was ist vor dem Verladen zu kontrollieren?
[!] Das richtige Einrasten der Kupplung, ob die Handbremse gelöst ist und ob Bremslicht, Blinker und Auflaufbremse funktionieren. Die Verladerampe und der Boden davor müssen rutschfest ·sein.

[?] Was ist beim Einladen zu beachten?
[!] Die Führperson geht, ohne am Strick zu ziehen, links vom Pferd voraus und rechnet damit, daß das Pferd einen Satz nach vorn machen kann. Das Pferd muß gerade die Rampe hinaufgehen, damit es nicht seitlich heruntertreten kann.

[?] Was ist beim ersten Verladen eines Pferdes zu beachten?
[!] Möglichst vor dem Ernstfall das Verladen in Ruhe üben. Vor-

Verladen und Transport/Farben   75

derbeine auf die Rampe stellen und mit Haferschwinge oder Möhren locken. Auf beiden Seiten der Rampe sollten Helfer stehen.

[?] Was kann bei hartnäckiger Weigerung des Pferdes getan werden?

[!] Man hilft mit zwei Longen nach, die rechts und links am Transporter befestigt und von zwei Helfern hinter dem Pferd gekreuzt werden. In gleicher Weise kann man auch, eventuell zusätzlich zu den Longen, zwei Hindernisstangen benutzen.

[?] Worauf ist zu achten, wenn das Pferd auf dem Hänger steht?

[!] Man hängt sofort die hintere Stange ein und bindet erst danach das Pferd an.

[?] Was ist beim Fahrverhalten mit dem Hänger besonders wichtig?

[!] Ruckartiges Bremsen und Anfahren sowie scharfes oder zu schnelles Fahren von Kurven vermeiden, bei Ampeln den langen Bremsweg einkalkulieren.

[?] Wie wird beim Ausladen vorgegangen?

[!] Das Pferd zuerst losbinden, dann die hintere Querstange ganz herausnehmen (sonst Verletzungsgefahr!), das Pferd langsam, mit geradem Kopf und Hals, geradeaus rückwärts hinunterführen. Möglichst Hilfspersonen an beiden Seiten aufstellen.

Kenntnisse in Beschreibung, Haltung und Pflege von Pferden

Beschreibung: Farben, Abzeichen, Brandzeichen

Der Prüfling muß die Fähigkeit nachweisen, Pferde anhand ihrer Farben, der Abzeichen an Kopf und Beinen sowie ihrer Brandzeichen zu beschreiben.

Farben

[?] Welches sind die wichtigsten Farben von Pferden?

[!] Man unterscheidet Braune, Füchse, Rappen, Schimmel, Isabellen, Falben und Schecken.

76   Farben

[?] Was sind die Merkmale eines Braunen, und welche Farbabstufungen gibt es?
[!] Ein Brauner hat braunes Deckhaar und schwarzes Langhaar. Es gibt Licht- oder Hellbraune, Braune, Dunkelbraune und Schwarzbraune.

[?] Was ist ein Fuchs, und welche Farbabstufungen werden unterschieden?
[!] Ein Fuchs hat hellbräunlich-gelbes bis dunkelrotbraunes Deckhaar und gleichfarbiges oder helleres Langhaar. Man unterscheidet Lichtfüchse, Schweißfüchse, Goldfüchse und Dunkelfüchse.

[?] Was unterscheidet einen Rappen von einem Sommerrappen?
[!] Der Rappe hat schwarzes Deckhaar und schwarzes Langhaar; beim Sommerrappen wird das Fell im Winter bräunlich.

[?] Was ist ein Schimmel, und welche Schimmelarten gibt es?
[!] Ein Schimmel ist ein Pferd mit weißem Deckhaar und weißem Langhaar. Sind im Fell andere Farbzusätze vorhanden, so spricht man je nach Farbton und Form dieser Zusätze von Grau-, Braun-, Schwarz-, Rot-, Fliegen- oder Apfelschimmel.

[?] Was unterscheidet Isabellen von Falben?
[!] Isabellen haben gelblich-cremefarbenes Deckhaar und gleichfarbiges Langhaar; Falben haben bei gelblich-cremefarbenem Deckhaar schwarzes Langhaar und einen Aalstrich auf dem Rücken.

[?] Was versteht man unter einem Schecken?
[!] Ein Schecke ist ein Pferd mit mehr oder minder großen Flekken im Fell, die verschiedene Farben haben können.

Abb. 42. Abzeichen am Kopf und an den Beinen: a) Stern; b) Laterne; c) Keilstern und Schnippe; d) Blume und Blesse; e) weißer Fuß; f) halbweißer Fuß; g) halbweiße Fessel; h) weiße Krone; i) weiße Fessel.

Abzeichen 77

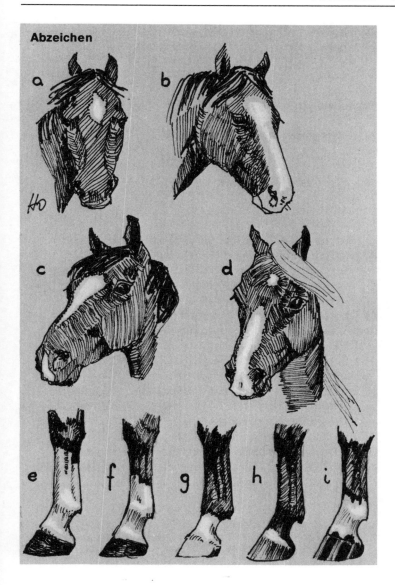

78   **Brandzeichen/Stall und Weide**

? Wann nennt man ein Pferd stichelhaarig?
! Wenn es einzeln stehende weiße Haare im Fell hat.

Brandzeichen

(Abbildung 43, siehe Seite 78)

Haltung: Stall und Weide, Füttern, Tränken

Stall und Weide

? Welche Haltungsformen unterscheidet man?
! Die Robusthaltung und die Stallhaltung.

? Welches sind die wesentlichen Merkmale der Robusthaltung?
! Das robust gehaltene Pferd lebt ganzjährig im Freien, hat jedoch einen Offenstall zur Verfügung, den es nach Belieben aufsuchen kann.

? Wie soll der Offenstall beschaffen sein?
! Er soll mit einer trockenen Unterlage ausgestattet und nach drei Seiten geschlossen sein; die vierte, offene Seite soll in die windärmste Richtung weisen.

? Wie soll der geschlossene Stall beschaffen sein?
! Er soll groß, hell und luftig sein, mit trockener Unterlage und rutschfester Stallgasse ausgestattet.

Abb. 43. Zuchtgebiete des Deutschen Reitpferdes und Brandzeichen (von oben nach unten): Holstein, Hannover, Oldenburg, Westfalen, Hessen, Rheinland, Rheinland-Nassau, Pfalz-Saar, Baden Nord, Baden Süd, Württemberg, Bayern, Trakehner (Bundeszucht).

Brandzeichen/Stall und Weide

80   Stall und Weide

[?] Welche Höhe soll er haben?
[!] Er muß mindestens 3 m, bei mehr als acht Pferden im Stall mindestens 4 m hoch sein, damit das notwendige Luftvolumen gewährleistet ist.

[?] Wie müssen die Fenster angebracht sein?
[!] Nicht zu tief, mindestens in einer Höhe von 2,20 m.

[?] Wie groß müssen die Fenster sein?
[!] Pro Pferd ist mindestens 1 m^2 Fensterfläche zu rechnen.

[?] Welche Größe muß eine Boxe haben?
[!] Ihre Fläche muß mindestens 3 x 3 m, also 9 m^2 betragen.

[?] Wie hoch haben die Wände einer Boxe zu sein?
[!] Mindestens 1,30 m hoch.

[?] Worauf ist bei den Türen einer Boxe zu achten?
[!] Sie müssen breit genug, das heißt mindestens 1,10 m breit sein.

[?] Wie groß ist ein Ständer?
[!] Er ist mindestens 3 m lang und 1,60 m breit.

[?] Was ist bei der Abtrennung durch Gitterstäbe zu beachten?
[!] Der Abstand zwischen den Stäben darf nicht zu weit sein (ca. 4 cm), damit das Pferd nicht mit den Hufen hängenbleiben kann.

[?] Worauf kommt es bei der Strohmatraze vor allem an?
[!] Sie muß trocken sein und täglich gut gepflegt werden.

[?] Wie müssen Trog und Tränke beschaffen sein?
[!] Sie dürfen keine Ecken haben und sind in Höhe des Schultergelenks angebracht. Auf regelmäßige Säuberung ist zu achten.

Stall und Weide   81

[?] Was ist als Anbindevorrichtung am geeignetsten?
[!] Der Panikhaken; er läßt sich durch leichtes Ziehen in Richtung zum Strick rasch und einfach öffnen (s. Abb. 44).

[?] Welche Temperatur sollte im Stall herrschen?
[!] Ca. 10° bis 15° Celsius.

[?] Wieviel Bewegung braucht das Pferd?
[!] Es muß am Tag mindestens eine Stunde Bewegung haben.
Wird nicht geritten oder longiert, so ist für die nötige Bewegung auf der Weide oder in einem Paddock zu sorgen.

[?] Was ist ein Paddock?
[!] Ein umfriedeter Auslauf mit Sand- oder Grasboden von 300 bis 500 m².

[?] Wie sollte die Weide beschaffen sein?
[!] Sie sollte bei längerer Weidehaltung pro Pferd ca. 1 ha groß und mit einem Unterstand ausgestattet sein.

[?] Was ist bei der Einzäunung einer Weide zu beachten?
[!] Sie muß aus festem, gut sichtbarem Material (am besten Holz) bestehen und so hoch sein, daß das Pferd sie nicht überspringen kann. Stacheldraht ist als Einzäunung nicht geeignet!
Ein Elektrozaun sollte niemals allein, sondern nur in Verbindung mit einem Holzzaun verwendet werden.

[?] Was sollte bedacht werden, wenn man ein Pferd allein oder in Gesellschaft anderer Pferde auf der Weide gehen läßt?
[!] Das Pferd ist ein Herdentier; eine längere Weidehaltung ohne die Gesellschaft anderer Pferde ist daher nicht artgemäß. Läßt man mehrere Tiere zum ersten Mal zusammen auf die Weide, so muß genau beobachtet werden, ob sie sich vertragen, bevor man sie alleine läßt. Bei längerer Weidehaltung sind die Hufeisen zu entfernen − sofern die Pferde während dieser Zeit nicht auf hartem Boden geritten werden.

82 Stall und Weide/Füttern

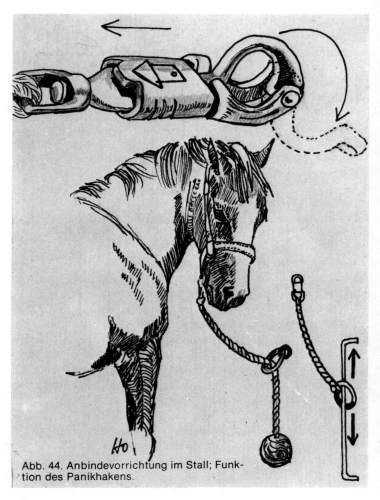

Abb. 44. Anbindevorrichtung im Stall; Funktion des Panikhakens.

Füttern

[?] Wie oft und zu welchen Tageszeiten wird das im Stall stehende Pferd gefüttert?

Füttern   83

■ Es wird in der Regel dreimal täglich gefüttert: frühmorgens, mittags und abends.

? Warum wird die größte Portion abends gegeben?
■ Weil der Abendfütterung die längste Ruhe- und Verdauungspause folgt.

? Woraus besteht das Futter des Pferdes im Stall?
■ Aus Hafer oder anderem Kraftfutter, Heu und Stroh.

? Wieviel Hafer, Heu und Stroh werden durchschnittlich gefüttert?
■ Ein mittelschweres Pferd bekommt pro Tag bei normaler Leistung fünf Kilo Hafer, sechs Kilo Heu und Stroh nach Bedarf.

? Was ist bei der Fütterung robust gehaltener Pferde zu beachten?
■ Robust gehaltene Pferde bekommen Kraftfutter nur bei Leistung, Rauhfutter bzw. Grünfutter nach Bedarf.

? Welche Futterarten unterscheidet man?
■ Kraftfutter, Rauhfutter und Saftfutter.

? Welche Arten von Kraftfutter stehen zur Verfügung?
■ Hafer, Mais, Roggen, Weizen, Gerste und Mash. Daneben gibt es eine Vielzahl von fertigen Kraftfuttermischungen in verschiedenen Zusammensetzungen.

? Was ist Mash (engl. ,,mäsch'')?
■ Mash ist ein Gemisch aus Hafer, Weizenkleie und Leinsamen, das mit kochendem Wasser übergossen, angerührt und danach lauwarm gefüttert wird. Das Mash ist sehr kräftig und eignet sich daher besonders für kranke und geschwächte Pferde; auch wenn von einem Pferd überdurchschnittliche Leistungen verlangt werden (zum Beispiel bei mehrtägigen, langen Ritten), ist Mash zu empfehlen.

84 Füttern/Tränken

[?] Welche Rauhfutterarten gibt es?
[!] Heu und Stroh.

[?] Wie heißen die hochwertigen Heuarten?
[!] Kleeheu und Luzerne.

[?] Wofür wird Stroh hauptsächlich verwendet?
[!] Als Einstreu, aus der das Pferd auch einen Teil seines Rauhfutterbedarfs deckt.

[?] Welche Stroharten sind für die Einstreu am besten?
[!] Roggen- und Weizenstroh.

[?] Was ist Saftfutter?
[!] Vor allem frisches Gras und gelbe Rüben, außerdem rote Rüben, Zucker- und Futterrüben.

Tränken

[?] Wie oft und wann wird das Pferd getränkt, wenn keine automatische Selbsttränke vorhanden ist?
[!] Drei- bis viermal am Tag vor oder nach dem Füttern.

[?] Wie muß das Wasser sein, mit dem getränkt wird?
[!] Frisch, also nicht abgestanden. Bei erkälteten Tieren sollte etwas warmes Wasser hinzugegeben werden.

[?] Wie wird auf der Weide für frisches Wasser gesorgt?
[!] Durch Pumpen oder Selbsttränken, die aus dem Grundwasser gespeist werden, oder mit Hilfe von Behältern, in die mit einem Schlauch regelmäßig frisches Wasser gefüllt wird.

[?] Wann darf man ein Pferd unter keinen Umständen ungehindert saufen lassen?
[!] Wenn es stark erhitzt ist. Es muß dann erst herumgeführt werden, damit es abschwitzt.

Tränken/Pflege 85

?| Welche Mittel gibt es, ein noch schwitzendes Pferd an einem zu schnellen und gierigen Saufen zu hindern?
!| Man legt ein Büschel Heu (oder etwas Stroh) auf das Wasser oder läßt das Trensengebiß im Maul.

Pflege

?| Wie oft und aus welchen Gründen wird ein Pferd geputzt?
!| Es wird jeden Tag einmal gründlich durchgeputzt und außerdem nach dem Reiten glattgeputzt. Das Putzen dient nicht nur der Reinigung, sondern ist auch eine gute Massage. Bei Pferden, die längere Zeit auf der Weide oder ganzjährig im Offenstall gehalten werden, putzt man nur den groben Schmutz weg. Durch zu intensives Putzen würde das Fett in der Unterwolle – der natürliche Schutz vor Kälte und Nässe – entfernt.

?| Wie beginnt man mit dem Putzen?
!| Von vorn nach hinten. Zuerst werden alle bemuskelten Körperteile mit dem Haar und gegen das Haar durchgestriegelt.

?| Welche Körperteile dürfen nie mit dem Striegel behandelt werden?
!| Der Kopf, die Gliedmaßen vom Vorderfußwurzelgelenk und Sprunggelenk abwärts, ein hoher Widerrist und abstehende Hüftknochen, also alle wenig bemuskelten Körperteile.

?| Was geschieht nach dem Durchstriegeln?
!| Man putzt mit der Kardätsche, die man für die linke Seite des Pferdes in die linke Hand nimmt, während die rechte den Striegel hält – bei der rechten Seite des Pferdes ist es umgekehrt. Das Pferd wird in langen, ruhigen Strichen mit der Kardätsche gründlich durchgebürstet. Dabei streicht man die Kardätsche immer wieder in Richtung Fingerspitzen am Striegel ab. Der

Abb. 45, S. 86. Putzzeug: Kardätsche, Gummistriegel, Hufkratzer, Mähnenkamm, Schwamm, Wurzelbürste, Lappen.

86 Pflege

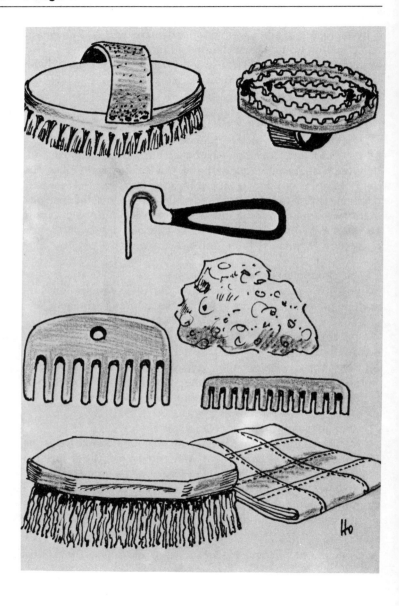

Pflege 87

Abb. 46. Putzen mit Kardätsche und Striegel. Säubern der Augen mit dem Schwamm.

88   Pflege

Striegel wird von Zeit zu Zeit auf der angefeuchteten Stallgasse ausgeklopft.

? Was ist zu tun, nachdem das Pferd mit Striegel und Kardätsche durchgeputzt ist?
! Die Mähne wird mit einer Reißkardätsche gut durchgebürstet, dann wird das Pferd mit einem Wollappen abgerieben.

? Womit werden Augen und Nüstern, Geschlechtsteile, die Unterseite der Schweifrübe und der After gesäubert?
! Mit zwei Schwämmen, von denen der eine für Augen und Nüstern, der andere für die übrigen Körperteile benützt wird.

? Wie wird der Schweif gepflegt?
! Er wird mit der Hand verlesen und ab und zu gewaschen.

? Wie werden stark verschmutzte Beine gesäubert?
! Sie werden – bei warmem Wetter – gewaschen und dann mit der Hand abgestreift.

? Wann und zu welchem Zweck werden Pferdebeine abgespritzt?
! Nur bei warmem Wetter; das Abspritzen dient der Pflege, Massage und Kühlung. Nach dem Abspritzen müssen die Beine, vor allem die Fesselbeugen, gut getrocknet werden.

? Wie werden die Hufe vor dem Reiten behandelt?
! Sie werden lediglich ausgekratzt (s. Abb. 47).

? Wie werden sie nach dem Reiten gepflegt?
! Sie müssen gründlich gesäubert werden. Bei warmem, trockenem Wetter werden sie gewaschen und, solange sie noch feucht sind, einschließlich der Sohle eingefettet. Bei feuchtem Wetter genügt es, den Huf zu säubern. Auf keinen Fall darf die Glasurschicht mit harten, scharfen Gegenständen bearbeitet werden, da sie der natürliche Schutz der Hornwand ist.

Abb. 47. Hufeauskratzen.

90 Pflege

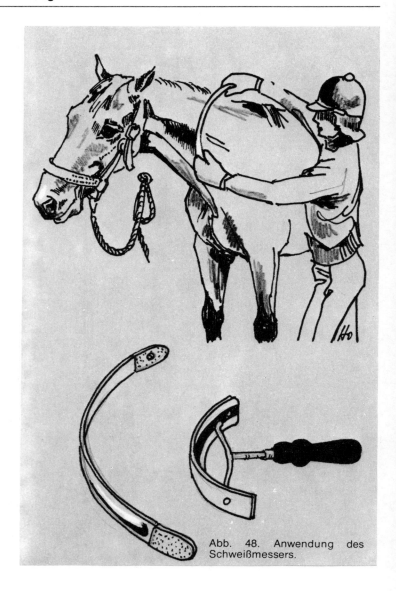

Abb. 48. Anwendung des Schweißmessers.

Pflege 91

? Wie wird das Pferd nach dem Reiten versorgt?
! Das Gesicht, die Sattellage und die Schweißstellen zwischen den Hinterbeinen werden mit einem feuchten Schwamm gesäubert. Sobald diese Stellen trocken sind, wird das ganze Pferd glattgeputzt.

Abb. 49. Das schwitzende Pferd wird mit Strohwischen trockengerieben.

92   Pflege/Krankheiten

[?] Wie behandelt man ein naßgerittenes Pferd bei warmem, trockenem Wetter?
[!] Es gibt im wesentlichen drei Möglichkeiten:
1. Man reitet so lange Schritt, bis das Pferd abgeschwitzt hat.
2. Man führt das Pferd ohne Sattel trocken.
3. Das Pferd wird abgewaschen, mit dem Schweißmesser abgezogen und dann trockengeführt (s. Abb. 48).

[?] Wie wird bei kühler Witterung verfahren?
[!] Grundsätzlich sollte ein Pferd bei kühler Witterung nicht naßgeritten werden. Wenn sich das Schwitzen einmal gar nicht vermeiden läßt, muß das Pferd nach dem Reiten mit Stroh trockengerieben werden. Die Strohwische werden dabei in großen, gegeneinander geführten Bögen über die feuchten Stellen gerieben und durch trockene ersetzt, sobald sie feucht werden.

Anzeichen von Krankheiten

[?] Welche Anzeichen deuten auf eine Krankheit hin?
[!] Teilnahmslosigkeit, Gehunlust oder Unruhe, Schweißausbrüche und Appetitlosigkeit können Anzeichen von Krankheit sein. Weitere Merkmale: Husten, Stöhnen, Nasenausfluß.

[?] Welche Anzeichen lassen eine Kolik vermuten?
[!] Auffälliges Umsehen zum Bauch, Unruhe, Scharren und häufige Versuche, sich hinzulegen, zu wälzen, Wegstellen der Hinterbeine.

[?] Was ist bei Anzeichen von Kolik zu tun, bis der Tierarzt da ist?
[!] Das Pferd darf sich nicht wälzen. Das Tier mit Stroh abreiben, eindecken, eventuell im Schritt führen.

[?] Was können die Ursachen für eine Kolik sein?
[!] Schlechtes und verdorbenes Futter, Erkältung, Aufregung und Wurmbefall.

Krankheiten/Giftpflanzen 93

[?] Was ist zu tun, wenn ein Pferd starke Bewegungsstörungen der Hinterhand zeigt, die bald Lähmungs- und Erstarrungsformen annehmen und von Schweißausbrüchen begleitet sind?
[!] Schnellstens den Tierarzt kommen lassen, weil es sich um einen lebensgefährlichen Kreuzverschlag handelt.

[?] Was ist zu tun, bis der Tierarzt helfen kann?
[!] Das Pferd nicht bewegen und auf keinen Fall sich hinlegen lassen.

[?] Wodurch kann Kreuzverschlag – auch Feiertagskrankheit genannt – entstehen?
[!] Durch Bewegungsmangel und zu kräftiges Futter.

[?] Was ist bei Husten zu tun?
[!] Fieberfreie Pferde werden schonend, möglichst in frischer Luft, geritten. Bei Husten mit Fieber den Tierarzt kommen lassen.

[?] Wann hat ein ausgewachsenes Pferd Fieber?
[!] Wenn die Temperatur höher als 38 Grad ist, nachdem es sich mindestens eine Stunde in Ruhe befand.

Giftpflanzen

[?] Welche Giftpflanzen können für das Pferd besonders gefährlich werden?
[!] 1. Eibe, 2. Gefleckter Schierling, 3. Gift-Wasserschierling, 4. Bilsenkraut, 5. Roter Fingerhut, 6. Großblütiger (Blasser) Fingerhut, 7. Gelber Fingerhut, 8. Frühlings-Adonisröschen, 9. Maiglöckchen, 10. Sommer-Adonisröschen, 11. Liguster, 12. Schöllkraut, 13. Herbstzeitlose, 14. Tollkirsche, 15. Goldregen, 16. Robinie (Falsche Akazie), 17. Buchsbaum (siehe Farbtafeln Seite 97 bis 100).

94 Gangarten

Reitlehre

Gangarten

[?] Was sind die natürlichen Grundgangarten des Pferdes?
[!] Schritt, Trab und Galopp.

[?] Wie wird der Schritt beschrieben?
[!] Er ist eine schreitende Gangart im Viertakt mit diagonal nacheinander getretener Fußfolge.

[?] Wie beschreibt man den Trab?
[!] Er ist eine schwunghafte Gangart im Zweitakt. Das diagonale Beinpaar tritt jeweils gleichzeitig vor.

[?] Wie läßt sich der Galopp beschreiben?
[!] Er ist eine springende, schwunghafte Gangart im Dreitakt. Man unterscheidet Linksgalopp und Rechtsgalopp. Beim ersten springt das linke, beim zweiten das rechte Beinpaar weiter vor.

[?] Welche weiteren Gangarten gibt es?
[!] Den Paß und den Tölt.

[?] Was ist Paß?
[!] Der Paß ist eine Bewegung im Zweitakt, wobei die gleichseitigen Beinpaare gleichzeitig ab- und auffußen. Während er beim Sportpferd als fehlerhafter Schritt gilt, ist er zum Beispiel beim Isländer eine natürliche und erwünschte Gangart. In der Freizeitreiterei werden seine Vorzüge darin gesehen, daß er sehr schnell und bequemer als der Trab ist.

[?] Was ist unter Tölt zu verstehen?
[!] Auch der Tölt gehört nicht zu den sogenannten „klassischen" Grundgangarten! Er ist eine Bewegung im Viertakt, wobei sich das Pferd jedoch nicht wie im Schritt ruhig schreitend, sondern schnell laufend fortbewegt. Der Tölt ist ursprünglich eine Gebrauchsgangart der Pferde in den Geröllandschaften Is-

Gangarten 95

Abb. 50 a. Links: Schritt, rechts: Trab.

96 Gangarten

Abb. 50 b. Links: Galopp, rechts oben: Rennpaß, rechts unten: Tölt.

Giftpflanzen 97

98 Giftpflanzen

Giftpflanzen 99

100 Giftpflanzen

Sitz 101

lands und für diese Geländeform sehr zweckmäßig. Auch der Tölt hat für den Freizeitreiter den Vorteil, daß er bequem und angenehm sitzen läßt.

Sitz

⸤?⸥ Was sind die wichtigsten Grundregeln für den Sitz des Reiters?

▮ Der Reiter muß geschmeidig, entspannt und ruhig sitzen. Sein Schwerpunkt muß mit dem des Pferdes übereinstimmen. Nur wer richtig sitzt, kann auch richtig einwirken!

⸤?⸥ Wie soll der Oberkörper gehalten werden?

▮ Beim Grundsitz ist er aufgerichtet, das heißt senkrecht und möglichst ruhig. Die Bewegung des Pferderückens wird durch die mitschwingende Mittelpositur des Reiters aufgefangen.

⸤?⸥ Was bezeichnet man als leichten Sitz?

▮ Im Galopp geht der Oberkörper des Reiters so weit vor, daß die Übereinstimmung der Schwerpunkte von Reiter und Pferd bei höherem Tempo erhalten bleibt und der Rücken des Pferdes entlastet wird. Das Gewicht des Reiters liegt dabei vermehrt auf der Oberschenkel- und Kniepartie und im Steigbügel. Das Gesäß bleibt nicht im, aber dicht am Sattel. Der leichte Sitz wird im Gelände und beim Springen eingenommen (s. Abb. 51 unten).

⸤?⸥ Was ist Leichttraben, und welchen Zwecken dient es?

▮ Im Gegensatz zum Aussitzen, wobei das Gesäß im Sattel bleibt, steht der Reiter beim Leichttraben bei jedem zweiten Takt im Bügel auf. Er entlastet hierbei den Pferderücken und verschafft auch sich selbst, vor allem auf längeren Strecken im Gelände, Erleichterung. Es wird leichtgetrabt: im Gelände, zu Beginn des Reitens in der Bahn beim Lösen und auf jungen Pferden. Auch im Gelände muß darauf geachtet werden, daß man immer wieder den Fuß wechselt!

102 Sitz

Abb. 51. Oben: Grundsitz, unten: leichter Sitz.

Sitz/Hilfen   103

? Wie ist beim Grundsitz das Gewicht des Reiters verteilt?
! Es sollte gleichmäßig auf beiden Gesäßknochen und dem Spalt liegen.

? Welche Gelenke des Reiters müssen geschmeidig funktionieren?
! Schulter, Ellenbogen, Handgelenk, Hüftgelenk, Knie- und Fußgelenk.

? Wie werden Arme und Hände gehalten?
! Die Oberarme fallen im Grundsitz senkrecht herunter, die Ellenbogen liegen locker an der Hüfte; Unterarm, Handrücken und Zügel bilden eine gerade Linie zum Pferdemaul. Beim leichten Sitz sind die Fäuste unterhalb des Mähnenkamms weich am Hals angeschmiegt. Besonders wichtig sind ruhige, niemals starre oder ruckende Hände; sie müssen eine gleichmäßige, feine Verbindung zum Pferdemaul (Anlehnung) halten.

? Worauf ist bei der Bein- und Fußhaltung zu achten?
! Die Wade liegt knapp hinter dem Sattelgurt (Schulter, Hüfte und Absatz bilden eine Senkrechte), damit sie zum Treiben kommt und der Reiter sich unter seinem Schwerpunkt im Bügel abstützen kann. Wichtig ist eine ruhige Beinlage; unruhige Unterschenkel wirken sich auf das Pferd störend und abstumpfend aus! Die Knie liegen fest und flach am Sattel, was vor allem beim Leichttraben und im leichten Sitz notwendig ist. Der tiefste Punkt ist der Absatz; die Fußspitzen zeigen nur leicht nach außen. Für Reiter, die Sporen tragen, ist die korrekte Fußhaltung unbedingte Voraussetzung!

Hilfen

? Was versteht man unter Hilfen?
! Die Hilfen sind das Verständigungsmittel, mit denen der Reiter dem Pferd klarmacht, was es tun soll.

104   Hilfen

[?] Welche Arten von Hilfen unterscheidet man?

[!] Schenkelhilfen, Gewichtshilfen und Zügelhilfen.

[?] Welche Schenkelhilfen gibt es, und was ist ihre Funktion?

[!] Man unterscheidet vorwärtstreibende, seitwärtstreibende und verwahrende Schenkelhilfen. Die vorwärtstreibenden Schenkelhilfen bestehen in einem verstärkten Druck beider Waden am Pferdeleib und veranlassen das Pferd zum vermehrten Vorwärtsgehen. Durch einseitigen Druck mit dem Schenkel knapp hinter dem Gurt wird das Pferd veranlaßt, seitwärts zu gehen. Durch die verwahrende Schenkelhilfe des entgegengesetzten Schenkels wird die Seitwärtsbewegung begrenzt; der verwahrende Schenkel liegt etwa eine Handbreit weiter zurück als der seitwärtstreibende.

[?] Welche Gewichtshilfen unterscheidet man?

[!] Beidseitig belastende (vortreibendes Kreuzanziehen), einseitig belastende und entlastende. Letztere wird nur beim Rückwärtsrichten angewandt.

[?] Welche Zügelhilfen gibt es?

[!] Der Nachdruck, mit dem Zügelhilfen gegeben werden, umfaßt eine breite Skala vom Anstehenlassen der Hand über das Durchhalten bis zum Annehmen aus dem Ellenbogen heraus. Nach jedem Anstehenlassen bzw. Durchhalten oder Annehmen der Hand muß unbedingt ein Nachgeben erfolgen. Zügelhilfen werden immer in Verbindung mit treibenden Schenkel- und Gewichtshilfen gegeben.

[?] Nennen Sie Beispiele für den Einsatz treibender Hilfen bei nachgebender Hand.

[!] Anreiten und Antraben.

Abb. 52. Oben: beidseitig treibende Schenkel- und Gewichtshilfen, unten: einseitig treibende und verwahrende Kreuz- und Schenkelhilfen.

Hilfen 105

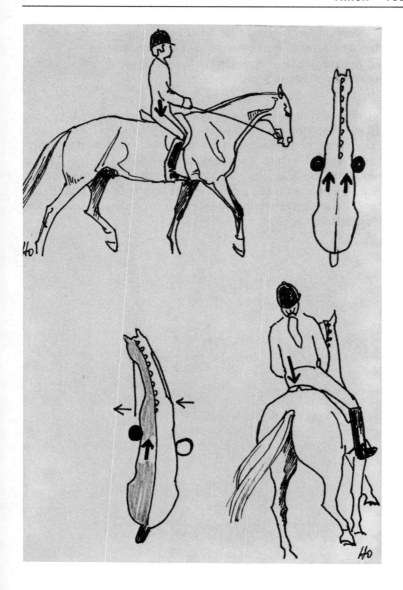

106　Hilfen

[?] Nennen Sie Beispiele für den Einsatz von einseitig treibenden und verwahrenden Kreuz- und Schenkelhilfen.

[!] Angaloppieren, Reiten von Wendungen, Einwirkung bei einem scheuenden Pferd.

[?] Was sind Paraden, und welchen Zweck erfüllen sie?

[!] Paraden sind ein Zusammenspiel von Schenkel-, Kreuz- und Zügelhilfen (anstehende, durchhaltende, annehmende) etwa zum Zweck des Durchparierens, des Wechsels aus dem Galopp zum Trab oder aus dem Trab zum Schritt (halbe Paraden) sowie zum Durchparieren aus jeder Gangart zum Halten (ganze Paraden). Paraden dienen außerdem dazu, die Aufmerksamkeit des Pferdes zu erhalten.

Tierschutzgesetz/Straßenverkehrsordnung 107

Gesetze, Verordnungen und Bestimmungen

Tierschutzgesetz

Gebote

Der Halter eines Tieres hat für dessen artgemäße Nahrung, Pflege, Unterbringung und Bewegung zu sorgen. Ein Wirbeltier darf nur unter Betäubung oder sonst, soweit nach den gegebenen Umständen zumutbar, nur unter Vermeidung von Schmerzen getötet werden. Eingriffe, die mit Schmerzen verbunden sind, müssen unter Betäubung vorgenommen werden.

Verbote

Es ist verboten: einem Tier ohne vernünftigen Grund Schmerzen, Leiden oder Schäden zuzufügen; einem Tier, außer in Notfällen, Leistungen abzuverlangen, denen es offensichtlich nicht gewachsen ist; ein gebrechliches, krankes oder altes Tier zu einem anderen Zweck als zur unverzüglichen schmerzlosen Tötung zu veräußern oder zu erwerben; einem Tier Futter zu geben, das ihm Schmerzen, Leiden oder Schäden verursacht.

Straßenverkehrsordnung

Gebote

Jeder Verkehrsteilnehmer muß sich so verhalten, daß kein anderer geschädigt, gefährdet oder mehr, als nach den Umständen unvermeidbar, behindert oder belästigt wird. Wenn Reitwege vorhanden sind, müssen diese benutzt werden; sonst wird auf der Straße scharf rechts hintereinander geritten (s. Abb. 53); auch geführt wird auf der rechten Straßenseite,

108 Straßenverkehrsordnung

Abb. 53. Auf der Straße wird geschlossen scharf rechts hintereinander geritten.

Straßenverkehrsordnung/Bundeswaldgesetz   109

denn laut § 28 StVO gelten nicht nur für Reiter sondern auch ausdrücklich für *Führer* von Pferden die Verkehrsregeln für den *Fahrverkehr.*
Eine geschlossene Reitergruppe darf nicht länger als 25 m sein, bei zwei Reitergruppen beträgt der Abstand zwischen ihnen ebenfalls 25 m.
Bei Dunkelheit müssen die Pferde hinten über der Fessel Spezialrückstrahler tragen, zusätzlich muß der erste Reiter eine Lampe mit weißem Licht, der letzte eine mit rotem Licht tragen.

Verbote

Es ist verboten: sich auf der Straße mit Pferden aufzuhalten, die den Verkehr gefährden;
Pferde vom Fahrrad oder Kraftfahrzeug aus zu führen;
mehr als zwei Handpferde mitzuführen.

Verhalten in Feld und Wald (Bundeswaldgesetz)

Gebote

Reiten im Walde ist nur auf Straßen und Wegen gestattet. Einzelheiten werden von den verschiedenen Ländern unterschiedlich geregelt.
Während der Jagdzeiten sollte nicht vor 7 Uhr und nicht nach 19 Uhr durch den Wald geritten werden. Hauptjagdzeiten sind Ende Juli/Anfang August (Rehwild) und Mitte September bis Ende Oktober (Rotwild).
In der Feldmark muß auf Wegen geritten werden.
Vor Fußgängern ist entsprechend rechtzeitig zum Schritt durchzuparieren und erst in angemessenem Abstand wieder anzutraben oder anzugaloppieren.

Verbote

Es ist verboten: durch Forstkulturen oder Dickungen zu reiten;

110   Bundeswaldgesetz/Tierhalter-Haftpflicht-Versicherung

auf Wegen im Wald oder in der Feldmark zu reiten, wenn diese durch Witterungseinflüsse so weich sind, daß sie durch Pferdehufe nachhaltig beschädigt werden könnten.

Tierhalter-Haftpflicht-Versicherung

Es besteht zwar keine Versicherungspflicht. Der Abschluß einer Versicherung ist jedoch dringend anzuraten, da in jedem Fall, auch bei Fremdverschulden, Haftung besteht. Bei schweren Schäden oder Unfällen, z.B. im Straßenverkehr, gewährt die Deckungssumme von 1 Million DM die Mindestabsicherung.

Literaturverzeichnis

Brandl, Albert: Modernes Reiten: Schritt, Trab, Galopp, München 1982

Deutsche Reiterliche Vereinigung e. V. (FN): Richtlinien für Reiten und Fahren, Band I, Warendorf 1981

dies.: Richtlinien für Reiten und Fahren, Band IV, Warendorf 1979

dies.: Ausbildungs- und Prüfungsordnung, Warendorf 1986

Habel, Max: Vielseitigkeitsreiten, Bad Homburg 1982

Hölzel, Wolfgang: Das Reiterabzeichen, Stuttgart 1986

ders.: Jagdreiten, Stuttgart 1980

ders.: Das eigene Pferd, Stuttgart 1980

ders.: Reiten ohne Risiko, Stuttgart 1984

Klimke, Reiner: Cavaletti, Stuttgart 1986

ders.: Die Grundausbildung des jungen Reitpferdes, Stuttgart 1986

Müseler Wilhelm: Reitlehre, Berlin 1981

Paalman, Anthony: Springreiten, Stuttgart 1986

Seunig, Waldemar: Reitlehre von heute, Berlin 1978

Stern, Horst: So verdient man sich die Sporen, Stuttgart 1986

Sachregister

Abteilung 26
Abzeichen 77
Anfangsreiter 41
Angaloppieren 34, 106
Annehmen und Nachgeben 32
Antraben 32
Anzeichen von Krankheiten 92
APO 11
Aufreiten 26
Ausbinder 70
Ausladen 75
Ausritt 14
Ausrüstung 16
Ausrüstung des Reiters 58
Ausrüstung des Pferdes 18, 64
Ausschlagen 26
Aussitzen 101

Bandagen 74
Bandagieren 55
Begleitpferd 24
Bergabklettern 44
Bergaufklettern 43
Bodenverhältnisse 14, 20
Boxe 80
Brandzeichen 78
Brauner 76
Brücke 20
Bummeln im Schritt 14
Bundeswaldgesetz 109

Chambon 74

Dressursattel 65
Druckverband 48
Durchparieren 37

Einzäunung einer Weide 81
Einzelaufgaben 30

Englisches Reithalfter 70
Erste Hilfe 49

Fahrverhalten mit Hänger 75
Farben 75
Fieber 93
Flurschaden 20
Fuchs 76
Füttern 82
Fütterung robust gehaltener
    Pferde 83
Fußgänger 26
Fußwechseln im Leichttrab 13, 34

Galoppieren 34, 94
Galopptempo 14
Galoppwechsel 35
Gamaschen 74
Gebiß 70
Geländereiten 9
Gewichtshilfen 104
Giftpflanzen 18, 93
Grundgangarten 94
Grundsitz 101, 103
Gruppe 26

Hackamore 74
Handpferd 27 f.
Handzeichen 28
Hannoversches Reithalfter 70
Hartstiftstollen 18
Herdentier 81
Herdentrieb 39
Heu 84
Hilfen 103
Hilfen für die Kehrtwendung 39
Hilfen vortreibende 32
Hilfszügel 70
Hindernis 43

Sachregister   113

Hufe 18
Hufeisen 81
Husten 93

Jodhpurhosen 58
Jodhpurstiefel 58

kombiniertes Reithalfter 70
Kandare 74
Kardätsche 85
Kehrtwendung 37
Knieschluß 44
Kolik 92
Kraftfutter 83
Krankheit 92
Kreis 39
Kreuzverschlag 93
leichter Sitz 13, 34, 101, 102
Landeskommission für Pferde-
   leistungsprüfungen 11
Landesverband der Reit- und Fahr-
   vereine 11
Landkarte 16
Ledergurt 67
Leichttraben 32, 101
Leistung 16
Linksgalopp 13, 35

Martingal 70
Mash 83
Mexikanisches Reithalfter 70
Mund-zu-Nase-Beatmung 48

Nickbewegung 32
Notbremse 21

Offenstall 78
Olivenkopftrensengebiß 69, 70

Paddock 81
Panikhaken 81
Parade 37, 106
Paß 94

Pelham 74
Pferdedecke 74
Prüfer 13
Prüfungskandidat 13
Putzen 85
Putzzeug 85

Quartiere 16, 20

Rappe 76
Rastplatz 18
Rauhfutter 84
Rechtsgalopp 13, 35
Reiten auf Straßen 45
Reiten über Baumstämme 41
Reiten von Wendungen 106
Reiterabzeichen 9
Reitgerte 61
Reithalfter 70
Reithandschuhe 61
Reithosen 58
Reitstiefel 58
Reitwege 16, 107
Robusthaltung 78

Saftfutter 84
Sattel 64
Sattel, Einzelteile 67
Sattelgurt 18, 64
Satteln 52
Sattelpflege 70
Satteltaschen 16, 17
Sattelunterlage 18, 64
Schecke 76
Schenkelhilfen 104
Schenkelweichen 21, 23
Scheuen 21
Schimmel 76
Schlaufzügel 74
Schnurengurt 67
Schritt 30, 94
Schrittpause 14
Schweißmesser 90

114 Sachregister

Selbsttränke 84
Sicherheitsabstand 26, 45
Sichtkontakt 26
Sitz 101
Sporen 61, 63
Springen 42
Springsattel 65
Sprungglocken 74
Ständer 80
Stallhalfter 74
Stallhaltung 78
Stalltemperatur 81
Steigbügel 18, 68, 70
Stoßzügel 70
Straßenverkehr 21, 110
Straßenverkehr, Scheuen im 21
Straßenverkehrsordnung 107
Streckenmaß 16
Streichgamaschen 55
Striegel 85
Stroh 84
Stürmen 25
Sturz eines Reiters 28
Sturzfeder 68
Sturzkappe 61

Tagesritt 16
Tierhalter-Haftpflicht-
    Versicherung 110
Tierschutzgesetz 107
Tölt 94
Trab 94

Trabtempo 14
Trachtensattel 17 f.
Tränken 84
Trainingszustand 14
Transport 74

Trense, Einzelteile 50
Trensen 52
Trensengebiß 69, 70

Überqueren einer Straße 45
Unfälle 47, 110
Unfallverhütung 74
Verladen 74
Verletzungen 47
Versicherungspflicht 110
Vielseitigkeitssattel 64 f.
Volte 39

Wechsel des Anfangsreiters 41
Weide 81
Weidehaltung 81
Wenden aus dem Halten 39
Wiesen 28
Woilach 18, 64
Wollbandage 55

Zügel, am 30
Zügel, am langen 30
Zügel, hingegebene 14, 30
Zügelhilfen 104
Zugstiefel 58

REITLEHREN

Wolfgang Hölzel

Das Reiterabzeichen

Dieses Buch gibt Antwort auf die Fragen der theoretischen Prüfung, erläutert die praktischen Aufgaben und verrät eine Fülle von Tips und Tricks.
127 Seiten, 147 Abb., kart.
ISBN 3-440-05255-9

Petra und Wolfgang Hölzel

Reiten ohne Risiko

In kaum einer anderen Sportart passieren so viele Unfälle wie beim Reiten. Ein Großteil könnte vermieden werden – aber wie? Die Autoren geben klare Antworten auf diese Frage.
Ausführliche Kapitel informieren über die sichere Ausrüstung, die Merkmale eines guten Ausbildungsbetriebes und die sorgfältige Grundausbildung des Reiters.
112 Seiten, 71 Abb., kart.
ISBN 3-440-05309-1

Überall dort, wo es Bücher gibt!

franckh Reiterbibliothek

PFERDEHALTUNG

Marten/Salewski

Handbuch der modernen Pferdehaltung

Das Buch informiert über alles, was mit Pferdehaltung zusammenhängt. Z.B. Haltung im Boxen-, Lauf- oder Offenstall, Fütterung, Pflege usw.
176 Seiten, 64 Abb., 59 Tab., geb.
ISBN 3-440-05812-3

Dr. vet. med. Maximilian Pick

Neues Handbuch der Pferdekrankheiten

Der Autor erläutert in leichtverständlicher Form und auf dem neuesten Stand des tiermedizinischen Wissens, was der Reiter, Pferdehalter und -züchter über die Krankheiten des Pferdes wissen muß. Anhand einer Symptomtabelle kann bereits der Betreuer die einzelnen Krankheitserscheinungen einer Krankheit zuordnen und damit dem Tierarzt die Diagnose erleichtern.
198 Seiten, 108 Abb., geb.
ISBN 3-440-05958-8

Überall dort, wo es Bücher gibt!

franckh **Reiterbibliothek**